T0128088

essentials

Essentials liefern aktuelles Wissen in konzentrierter Form. Die Essenz dessen, worauf es als „State-of-the-Art" in der gegenwärtigen Fachdiskussion oder in der Praxis ankommt. *Essentials* informieren schnell, unkompliziert und verständlich

- als Einführung in ein aktuelles Thema aus Ihrem Fachgebiet
- als Einstieg in ein für Sie noch unbekanntes Themenfeld
- als Einblick, um zum Thema mitreden zu können

Die Bücher in elektronischer und gedruckter Form bringen das Fachwissen von Springerautor*innen kompakt zur Darstellung. Sie sind besonders für die Nutzung als eBook auf Tablet-PCs, eBook-Readern und Smartphones geeignet. *Essentials* sind Wissensbausteine aus den Wirtschafts-, Sozial- und Geisteswissenschaften, aus Technik und Naturwissenschaften sowie aus Medizin, Psychologie und Gesundheitsberufen. Von renommierten Autor*innen aller Springer-Verlagsmarken.

Anja Mücke

Agilität im HR-Management

Grundlagen, Konzepte, Impulse

Anja Mücke
Institut für Personalmanagement und
Organisation
Fachhochschule Nordwestschweiz
Olten, Schweiz

ISSN 2197-6708   ISSN 2197-6716   (electronic)
essentials
ISBN 978-3-662-69177-9   ISBN 978-3-662-69178-6   (eBook)
https://doi.org/10.1007/978-3-662-69178-6

Die Deutsche Nationalbibliothek verzeichnet diese Publikation in der Deutschen Nationalbiblio-
grafie; detaillierte bibliografische Daten sind im Internet über https://portal.dnb.de abrufbar.

Planung/Lektorat: Mareike Teichmann
Springer Gabler ist ein Imprint der eingetragenen Gesellschaft Springer-Verlag GmbH, DE und ist
ein Teil von Springer Nature.
Die Anschrift der Gesellschaft ist: Heidelberger Platz 3, 14197 Berlin, Germany

Das Papier dieses Produkts ist recycelbar.

Was Sie in diesem *essential* finden können

- Einordnung und Herleitung von Agilität im Unternehmenskontext
- Überblick über die wichtigsten agilen Prinzipien, Begrifflichkeiten und Methoden und damit eine „Übersetzungshilfe" für zentrale Agilitätsvokabeln
- Relevanz von Agilität für das HRM aus verschiedenen Perspektiven: HRM als Transformationsbegleitung für andere Organisationseinheiten («HR for agile») bzw. Agilität von HRM selbst («agile for HR»)
- Ansatzpunkte für die Gestaltung von HR-Prozessen und Instrumenten am Beispiel von Rekrutierung, Personalentwicklung und Performance Management
- Orientierung und Hilfestellung, die Agilitätsdebatte für die eigene HR-Arbeit und Organisation einordnen zu können

Vorwort

„Es braucht mehr Agilität", „Das gehen wir agil an", „Agilität ist in unserem Unternehmen eine zentrale Kompetenz" oder „Du musst agiler werden": *Agilität* oder *agil* sind Schlagworte, die im Alltag, in der Unternehmenspraxis viel und gerne verwendet werden – analog zu Schlagworten wie *kompetent* oder *nachhaltig*. In der weiterführenden Diskussion wird oftmals weiteres Agilitätsvokabular genutzt („Agilitätssprech"), bei dem jemand, der sich damit noch nicht beschäftigt hat, oftmals nur Bahnhof versteht. „Du weißt ja Cynefin und so." Und im Kopf poppen (zumindest bei mir) Gedanken auf wie „Cynefin – Hört sich an wie ein neuer Sekundenkleber. Könnte das ein Akronym sein? Ist das ein Mensch? Wäre noch ein niedlicher Hundename." Aber sich als völlig ahnungslos zu outen ist nicht wirklich selbstwertbestätigend, sodass stattdessen die „Pinguine-von-Madagaskar-Taktik" Anwendung findet – „stumm lächeln und winken" im Sinne von „wissend lächeln und bestätigend nicken."

Als ich mich mit dem Thema Agilität und insbesondere *Agilität im HR-Management* näher beschäftigt habe, kam es zu einigen „stumm lächeln und winken Momenten" und ich war zuerst eher erschlagen und überfordert als erhellt. Es gab die Wahl zwischen Blogbeiträgen oder Fachbüchern mit mehreren 100 Seiten, die sich dabei oftmals einem ganz bestimmten Aspekt von Agilität vertieft widmen. Auch die schiere Anzahl und Auswahl an möglichen Quellen war eher lähmend. Ich persönlich hätte zum Einstieg damals gerne etwas gehabt, das mir das Wichtigste in Kürze möglichst einfach erklärt und mir, falls es mich dann näher interessiert, die relevanten Stichworte, Autorinnen und Autoren aufzeigt, nach denen man selbst weiter recherchieren kann oder direkt vertiefende Literaturhinweise liefert. Dies möchte ich mit diesem *essential* leisten: Einen fundierten, aber kompakten, beschreibenden Überblick über Agilität im HR-Management zu geben mit konkreten Hinweisen, wo Mann oder Frau bei Bedarf nachlesen, weiterlesen und sich vertiefen kann.

Egal, ob Sie von Agilität im HR-Management noch nie gehört haben, ein Teil Ihres Unternehmens nach agilen Prinzipien arbeitet und aufgestellt ist, aber Ihr eigener Unternehmensbereich (noch) nicht, Sie gerne einen Überblick und Einordnung zum aktuellen Stand der Theorie und Praxis hätten oder nun herausfinden wollen, was Cynefin ist: Für alle unter Ihnen ist dieses *essential* gedacht! Ich wünsche Ihnen eine erhellende Lektüre.

Anja Mücke

Inhaltsverzeichnis

Über die Autorin

Prof. Dr. Anja Mücke hat Psychologie an der Albert-Ludwigs-Universität Freiburg i. Br. studiert und dort zu Altersattributionen von Führungskräften promoviert. 14 Jahre war sie Senior Consultant bei Avenir Consulting mit den Schwerpunkten Demografiemanagement, Kompetenzmanagement, Performancemanagement sowie Management Diagnostik. Als HR-Projektmanagerin bei Inventx konnte sie das Performance Management und die Personalentwicklung mitverantworten und weiterentwickeln. Seit September 2022 ist sie Professorin am Institut für Personalmanagement und Organisation der Fachhochschule Nordwestschweiz und im vierfachen Leistungsauftrag tätig, wo sie u. a. zu Agilisierung von Performance- und Kompetenzmanagement forscht und berät.

Agil bzw. *Agilität* sind Schlagworte, die im Alltag bzw. in der Unternehmens-praxis viel und gerne verwendet werden. „Es braucht mehr Agilität", „Das gehen wir agil an", „Agilität ist in unserem Unternehmen eine zentrale Kompetenz" oder „Du musst agiler werden": Sucht man entsprechend (in diesem Fall bei Google) ergeben sich für „Agilität" knapp fünf Millionen Treffer. Für sein eng-lisches Pendant „agility" 326 Mio. Treffer (hier ist dann auch der so benannte Hundesport mit dabei, bei dem Hunde möglichst schnell und wendig einen Hin-dernisparcours bewältigen müssen) oder für das Adjektiv „agile" 486 Mio. Treffer bzw. 25,4 Mio. für das deutsche Pendent „agil". Grenzt man es weiter ein auf „Agilität im HR-Management" respektive „Agile HR" sind es mit 849 Treffer respektive 312.000 Treffer deutlich weniger, aber immer noch erschlagend viel. Warum ist Agilität in aller Munde und welche Rolle spielt das HR-Management (d. h. Human Resources, Personalmanagement, Human Capital Management etc.) dabei?

Megatrends und Entwicklungen wie z. B. der demografische Wandel, Glo-balisierung, Individualisierung, Digitalisierung bzw. technologische Innovationen oder auch die Auswirkungen unvorhersehbarer Ereignisse wie die Covid-Pandemie oder Kriegshandlungen stellen veränderte Anforderungen an Organi-sationen und ihre Organisationsmitglieder. Dass Organisationen sich wandelnder Anforderungen ausgesetzt sehen, ist dabei nicht neu – die Beschleunigung und das Ausmaß hingegen schon. Unweigerlich begegnet man zur Charakterisierung dieses Umfelds dem Akronym *VUCA,* zu dem Taskan et al. (2022) einen syste-matischen Überblick geben. Das Akronym VUCA wurde in den späten 1990er Jahren vom US Army War College geprägt. Es handelt sich um ein vom Militär abgeleitetes Akronym zur Beschreibung der „multipolaren neuen Weltordnung" nach dem Ende des Kalten Krieges. Es steht für *Volatility (Volatilität), Uncertainty (Unsicherheit), Complexity (Komplexität) und Ambiguity (Mehrdeutigkeit)*. In ihrer systematischen Literaturanalyse arbeiten sie die unterschiedlichen Konstrukte heraus, die sich hinter diesen vier Begriffen verstecken und die nicht unabhängig voneinander sind. Bei Volatilität sind das beispielsweise Veränderung, Unsicherheit, Dynamik, Instabilität oder Schwankungen. Bei Unsicherheit geht es um die Unfähigkeit, Situationen vorherzusagen bzw. ein Mangel an Informationen über Ergebnisse, insbesondere über deren Ursache-Wirkungs-Beziehung. Komplexität wird hauptsächlich mit der Anzahl der zu analysierenden Faktoren und mit den Beziehungen zwischen ihnen verbunden. Hinter Mehrdeutigkeit verbirgt sich der Mangel an Klarheit über die Bedeutung eines Ereignisses respektive die Unfähigkeit, Bedingungen oder Ereignisse zu verstehen und/oder zu interpretieren.

In einem solchen Umfeld ist es wichtig, frühzeitig Signale für Veränderungen zu erkennen und auf diese rasch und flexibel reagieren zu können bzw. bereit, proaktiv solchen zu begegnen, d. h. agil zu sein. Agil ist lateinischen Ursprungs („agilis") und steht gemäß Duden für „von großer Beweglichkeit zeugend, regsam und wendig". Diese Agilität betrifft sowohl die Organisation als Ganzes als auch die jeweiligen Organisationsmitglieder.

Doch was bedeutet dies nun konkret, insbesondere aus HR-Perspektive? Im folgenden Kapitel werden für die Beantwortung dieser Fragestellung die Grundlagen gelegt, indem über einen geschichtlichen Abriss eine Annäherung an das Thema und ein Definitionsversuch gewagt wird. Anschließend wird aufgezeigt, was Agilität mit Organisation zu tun hat und auf das besondere Agilitätsvokabular eingegangen. Zudem wird der zentralen Frage nachgegangen, unter welchen Bedingungen Agilität respektive agile Methoden sinnvoll sind. Daraus abgeleitet wird anschließend in Kap. 3 die Relevanz für HR aufgezeigt, und zwar anhand von drei Perspektiven: HR als „Unterstützer" der Agilität in der Organisation und Transformationsbegleiter, wie dabei HR-Prozesse und Instrumente gestaltet werden müssen sowie last but not least, wie HR selbst agiler werden kann.

Agilität was ist das?

2

2.1 Entwicklung der Agilitätsdebatte und Grundprinzipien

Agilität ist ein echtes Modethema. Was Agilität jedoch bedeutet, ist ebenso vielfältig wie die genutzten agilen Vorgehensweisen. Weder in der Praxis noch in der Wissenschaft scheint es bisher ein einheitliches Verständnis oder gemeinsame Definition davon zu geben, was Agilität nun genau bedeutet (Adam, 2020). Dies auch, weil Agilität ein Thema ist, das von unterschiedlichen Disziplinen und Professionen bespielt wird wie z. B. der Arbeitswissenschaft, der Soziologie, der Betriebswirtschaftslehre oder der Informatik (Stock-Homburg & Groß, 2019). Es lohnt sich daher, einen kurzen Blick auf die Entwicklung der Agilitätsdebatte zu werfen, die Whiteley et al. (2021) systematisch aufgearbeitet haben und ihre Anfänge bereits in den 30er Jahren des vergangenen Jahrhunderts verorten. Sie haben auf Basis einer umfassenden Literaturrecherche fünf miteinander verbundene, zum Teil parallel verlaufende Entwicklungsstränge herausgearbeitet, und zwar 1) Qualität in der Produktion, 2) Luft- und Raumfahrtprojekte, 3) Formalisierung in Normen und Standards, 4) Partizipatives Design sowie 5) Software-Entwicklung.

Qualität in der Produktion Bereits in den 1930er wurden bei Bell Labs eine Reihe von kurzen „plan-do-study-act"-Zyklen (PDSA) zur Qualitätsverbesserung vorgeschlagen, was als Grundstein für Agilität angesehen wird. Nach dem 2. Weltkrieg (insbesondere in den 80er und 90er Jahren) sind es vor allem japanische Weiterentwicklungen von Qualitätsmanagementkonzepten zur Effizienssteigerung und zur Erlangung von Wettbewerbsvorteilen in der Produktion und Fertigung z. B. des

© Der/die Autor(en), exklusiv lizenziert an Springer-Verlag GmbH, DE, ein Teil von Springer Nature 2024
A. Mücke, *Agilität im HR-Management*, essentials,
https://doi.org/10.1007/978-3-662-69178-6_2

Automobilherstellers Toyota. Dazu gehören z. B. Qualitätszirkel, bei denen Mitarbeitende, die die gleiche oder eine ähnliche Arbeit verrichten, sich treffen, um
gemeinsam Probleme zu lösen oder der Einsatz von teilautonomen Teams in den
Produktionslinien, die dazu berechtigt sind, den Produktionsprozess eigenverant-
wortlich zu stoppen, um aufgetretene Fehler zu identifizieren und zu beseitigen
oder des *Lean Managements,* bei dem Prozesse möglichst verschwendungsfrei
gestaltet werden sollen. Ein weiterer Baustein war *Kanban,* bei dem sich die Produktion an der tatsächlichen Nachfrage statt an der kalkulierten Nachfrage orientierte
und von einem Push-Prinzip in ein Pull-Prinzip wechselte. Die Trilogie des Toyota
Produktionssystems aus „Just-in-Time", „Total Quality" und „Team Involvement"
erwies sich als wirksam, um Qualität, Durchlaufzeiten, Sicherheit und Moral der
Mitarbeitenden zu verbessern und gleichzeitig die Kosten zu senken. Als Antwort
auf die Erfolge der japanischen Produktion wurde in amerikanischen Unternehmen
eine Reihe von Methoden und Ansätzen entwickelt, um die US-Industrie wettbe-
werbsfähiger zu machen. Das Iacocca Institute entwickelte 1991 ein Paradigma, das
bereits explizit mit Agilität bezeichnet ist, und zwar das „21st Century Manufacturing Enterprise Strategy: An Industry Led View of Agile Manufacturing." Darauf
basierend wurden die agile Fertigung bzw. die agile Produktion weiterentwickelt
mit dem Verständnis von Agilität als unternehmensweite Reaktion auf unvorher-
gesehene Veränderungen und Begrifflichkeiten wie z. B. „wendig, flexibel und
anpassungsfähig" verwendet.

Luft- und Raumfahrtprojekte Parallel zu den Entwicklungen in der Fertigung
gibt es in den USA ebenso Beispiele für den Einsatz von Methoden, welche wir heute
als agil bezeichnen würden, in Luft- und Raumfahrtprojekten, um Startsystemtech-
nologie innerhalb eines engen Zeitrahmens zu entwickeln. Das XP-80-Projekt im
Jahr 1943 verwendete beispielsweise bereits „Rapid Prototyping" und „Concurrent-
Engineering", um die Anpassungsfähigkeit der Projektabwicklung zu verbessern.
Die Idee bei *Rapid Protoyping* ist, rasch einen Prototyp herzustellen, um bestimmte
Eigenschaften späterer Serienteile simulieren zu können. *Concurrent bzw. Simulta-
neous Engineering* beschreibt einen systematischen Ansatz für die integrierte und
verteilte Entwicklung von Produkten und den damit verbundenen Prozessen. Der
XP-80 Shooting Star Jet Fighter konnte dadurch in nur 143 Tagen designed und
gebaut werden. Die Grumman Aerospace Cooperation hat früh Ansätze genutzt,
die heute mit „modernen" agilen Methoden assoziiert werden, wie z. B. die visu-
elle Darstellung von Echtzeit-Statusinformationen in ihrem Aktionszentrum, um
Transparenz und Entscheidungsfindung zu vereinfachen. Die Beteiligten aktuali-
sierten ihren Status vor den täglichen *„Stand-up-Meetings",* um so eine schnellere
Kommunikation und eine effektivere Entscheidungsfindung zu ermöglichen. Diese

„Stand-up-Meetings" wurden mit klassischen Managementmethoden wie Aufgabenplänen oder Budgetplanung kombiniert, sodass der hybride Ansatz von agilen und traditionellen Projektmanagementmethoden ebenfalls nichts Neuartiges ist, sondern bereits seit mehreren Jahrzehnten praktiziert wird.

Formalisierung in Normen und Standards Belege für Agilität und agile Methoden finden sich auch in den Normen des US-Militärs. Hier führte die Diskrepanz zwischen linearen Beschaffungsmanagement-Lebenszyklen mit agilen Ansätzen von Auftragnehmenden wie der NATO und des Pentagons zur Überarbeitung der Normen und Standards ab den 1970er Jahren bis in die 1990er und letztlich einer Integration dieser militärischen Standards bei der Entwicklung des PMBOK-Guides, welches das Standardwerk für Projektmanagement ist und mittlerweile in der 7. Auflage vorliegt.

Partizipatives Design Ab den 1960er Jahren kam die Rolle des Teams und der funktionsübergreifenden, interdisziplinären Zusammenarbeit sowie die Einbindung von Interessengruppen in den Fokus. Unter dem Stichwort *Partizipatives Design* wurden zukünftige Nutzerinnen und Nutzer in die Entwicklung mit einbezogen.

Softwareentwicklung Ein Bereich, der mit dem Thema Agilität und agile Methoden fest verbunden ist, ist der der Softwareentwicklung – doch nicht erst seit dem Agilen Manifest (Beck et al., 2001), sondern bereits Ende der 1950er Jahre. So kamen die im X-15-Projekt angewandten Methoden auch bei der Software-Entwicklung im Mercury-Projekt der NASA zum Einsatz und beeinflussten die Arbeit bei IBM. Bei IBM wurde *inkrementelle Entwicklung* betrieben, d. h. die Software wurde kontinuierlich verbessert, indem in kleinen oder sogar kleinsten Schritten vorgegangen wird durch das Nutzen von Iterationen, Prototypen und Simulationsmodellen oder auch das Bereitstellen eines Systems mit grundlegender Funktionalität, das heute sogenannte *„Minimum Viable Product" (MVP)*. Auch Softwareentwicklungsmodelle wie „Spiral" oder „XP" kamen bereits in den 1980er Jahren zur Anwendung.

Zusammenfassend wird deutlich, dass Agilität und agile Methoden auf mehreren Ebenen Anwendung gefunden haben und alles andere als „neu" sind. Deutlich wird zudem, dass verschiedene Disziplinen und Professionen hierzu einen Beitrag geleistet haben und immer noch leisten. Diese Entwicklungen und Beiträge scheinen in Vergessenheit geraten zu sein, denn vielfach wird der Eindruck erweckt, dass Agilität und agile Methoden erst mit dem Agilen Manifest im Jahr 2001 ihre Geburtsstunden gefeiert hätten (Whiteley et al., 2021, S. 26).

Das Agile Manifest

Wenn man sich mit Agilität und agilen Methoden beschäftigt, stößt man unweigerlich auf das sogenannte Agile Manifest (Beck et al., 2001 bzw. Manifesto for Agile Software Development (agilemanifesto.org). *Das Agile Manifest* oder genauer gesagt das *Manifest für Agile Softwareentwicklung* haben 2001 ursprünglich 17 renommierte Softwareentwickler verfasst, um bessere Wege zu erschließen, Software zu entwickeln. Mittlerweile liegt es mit einem Vielfachen an Unterzeichnerinnen und Unterzeichnern in mehreren Sprachen vor und hat auch außerhalb der Softwareentwicklung sehr große Aufmerksamkeit erlangt. Es kann als kleinster gemeinsamer Nenner agiler Werte betrachtet werden (Stock-Homburg & Groß, 2019, S. 887).

Schaut man sich die Grundsätze und die dahinterliegenden Prinzipien an, werden u. a. der große Stellenwert der Zusammenarbeit und deren Reflektion, der Gewähren von Handlungsspielräumen, die Ausrichtung auf die Kundenbedürfnisse und Kundenzufriedenheit und die ausgeprägte Ergebnisorientierung, kurze Zyklen und das kontinuierliche Reagieren auf Veränderungen deutlich.

Wenn man die historische Entwicklung und relevante Strömungen betrachtet und reflektiert, wird aber ebenso deutlich, warum es nicht DIE eine allgemeingültige Definition von Agilität gibt und geben kann: In dem einen Verständnis steht das Thema Anpassungsfähigkeit im Vordergrund, während es bei dem anderen die Kundenzentrierung oder die kontinuierliche Verbesserung ist (für eine Übersicht Stock-Homburg & Groß, 2019).

Stock-Homburg und Groß (2019, S. 887) definieren unternehmensbezogene Agilität als „das dynamische, wechselseitige und iterative Zusammenspiel mehrerer Elemente oder Akteure in einem offenen, selbstorganisierenden System, das durch hohe Kundenzentrierung und Anpassungsfähigkeit gekennzeichnet ist."

Sowohl im agilen Manifest selbst als auch in der Definition von Stock-Homburg und Groß (2019) werden *Selbstorganisation bzw. selbstorganisierte Teams* genannt. Was das genau heißt und warum das relevant ist, wird im folgenden Abschnitt erläutert.

2.2   Was hat Agilität mit Organisation zu tun?

Die Organisationsform bzw. die Aufbauorganisation ist ein zentraler struktureller Faktor in einer Organisation. Die Aufbauorganisation bildet die Hierarchie einer Organisation ab und ordnet Aufgaben, Kompetenzen sowie Verantwortlichkeiten (Meissner et al., 2023; Schreyögg, 2016). Traditionelle Organisationsformen wie z. B. die Linienorganisation mit mehreren Hierarchieebenen stoßen an Grenzen, wenn die Grundsätze und Prinzipien des agilen Manifests umgesetzt und gelebt werden sollen. Wie können nun Aufgaben, Kompetenzen und Verantwortlichkeiten neu oder anders gestaltet werden, um beispielsweise mehr Selbstorganisation zu ermöglichen? Altherr (2019, S. 414) folgend ist festzuhalten, dass **Selbstorganisation** sich in physikalischen, chemischen, biologischen oder sozialen Systemen, wie es eine Organisation ist, beobachten lässt. Selbstorganisation bezeichnet das beobachtbare Phänomen, dass Ordnung aus dem System selbst heraus entsteht als Ergebnis der Interaktionen aller Elemente des Systems.

Hinsichtlich alternativer Gestaltung gibt es unterschiedliche Ansätze, von denen im Folgenden Soziokratie, Holokratie, Scrum sowie die evolutionäre Organisation („Teal") schlaglichtartig vorgestellt werden. Einen sehr guten Überblick zu diesen und weiteren Ansätzen geben Meissner et al. (2023).

2.2.1 Soziokratie und Soziokratie 3.0

Bockelbrink et al. (2019) arbeiten in ihrem Praxisleitfaden die Geschichte der *Soziokratie* auf (Abb. 2.1). Soziokratie bedeutet wörtlich „Herrschaft der Gefährten". Der Ansatz kann bis zum Jahr 1851 zurückverfolgt werden, als Auguste Comte vorschlug, dass Staaten von zehn Experten zum Thema Gesellschaft regiert werden sollten. Lester Frank Ward nutzte „Soziokratie" zur Beschreibung einer Gesellschaftsordnung, in der die Menschen in enger Beziehung zueinanderstehen und gemeinsam regieren. Im Jahr 1926 gründete der niederländische Reformpädagoge und Quäker Kees Boeke eine Schule, die auf Gleichberechtigung und dem *Konsentprinzip* beruhte, d. h. eine Entscheidung ist dann gültig, wenn niemand der Anwesenden einen schwerwiegenden und begründeten Einwand dagegen hat. In der Soziokratie hat die Mehrheit in Gruppenentscheidungen weniger Macht, da das bessere Argument auch in der Minderheit ausschlaggebend sein kann. Gerard Endenburg, ein Schüler Bockes, wandte die Soziokratie im seinem Familienunternehmen an und entwickelte die *Soziokratische Kreismethode (SKM)*. Er verband dabei Boekes Form der Soziokratie mit Ingenieurwissenschaften und Kybernetik. Die Organisation verfügt über eine Struktur zur Beschlussfassung, die auf miteinander verbundenen Kreisen aufbaut. In diesen Kreisen herrscht das Konsentprinzip. Jeder Kreis ist mit seinem übergeordneten Kreis „doppelt gekoppelt", d. h. im nächsthöheren Kreis nehmen immer mindestens zwei Personen (die Leitung und ein oder mehrere gewählte Delegierte) an der Beschlussfassung teil. Ein weiteres Prinzip ist das der offenen Wahl, d. h. Personen, die Funktionen und Aufgaben übernehmen wollen oder sollen, werden in einem moderierten Prozess nach einem offenen Diskurs im Konsent gewählt

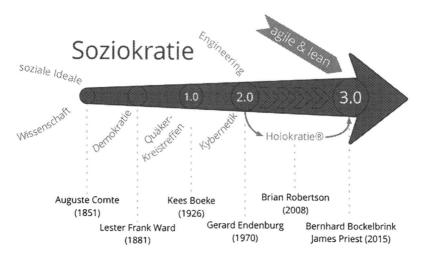

Abb. 2.1 Geschichte der Soziokratie. (Quelle: Bockelbrink, Priest & David, 2019, S. 10; CC BY-SA 4.0)

(dies und weiterführendes unter www.soziokratiezentrum.org bzw. Bockelbrink et al., 2019).

Ab 2014 haben zuerst Bockelbrink und Priest, dann zusammen mit David, die klassische Soziokratie weiterentwickelt mit dem Ziel, diese mit anderen wichtigen Ideen zu verbinden, um sie für so viele Organisationen wie möglich zugänglich und anwendbar zu machen. Wichtig ist, dass Soziokratie 3.0 offen ist mit einer expliziten Einladung, alles nach Bedarf anzupassen, zu erweitern und neu zu kombinieren. Zudem stehen alle Materialien zum Lernen, zur Ausübung und zur Vermittlung von Soziokratie 3.0 unter einer Creative Commons Free Culture Lizenz zur Verfügung.

2.2.2 Holakratie

Robertson (2016) hat die ***Holakratie (Holacracy)*** als Managementsystem für ein volatile Welt entwickelt, das Unternehmen erleichtern soll, Aufgaben, Kompetenzen und Verantwortlichkeiten selbstorganisierend zu verteilen – es bearbeitet auch Fragen der Verteilung von Autorität und Macht, d. h. der Governance. Statt einer traditionellen Hierarchie werden Unternehmen als „Holarchie" strukturiert.

Der Name leitet sich vom griechischen „holos" und „on" ab und bedeutet das
Teil eines Ganzen. Der Begriff stammt von Arthur Koestlers Theorien aus dem
Jahr 1968 über offene hierarchische Systeme und Holone („Der Gespenst in der
Maschine"). Als Bild prägt Robertson (2016) das Bild einer Zelle, die einerseits
eine selbständige Einheit ist, aber gleichzeitig Teil eines größeren Ganzen z. B.
eines Organs. Grundanliegen der Holakratie ist, die Arbeit zu strukturieren und
nicht die Menschen. Zentrales Element dabei sind sogenannte *Rollen,* die aufga-
benorientiert ausgerichtet sind und feste Verantwortlichkeiten haben. Rollen und
Personen werden klar voneinander getrennt. Eine Person kann mehrere Rollen
gleichzeitig innehaben. Rollen sind dynamisch und verändern sich. Es können
außerdem neue Rollen hinzukommen, wenn es diese braucht oder bestehende
Rollen abgeschafft werden, wenn diese obsolet werden.

Die Rollen werden zu *Kreisen* gruppiert, die wiederum in größeren Kreisen
gruppiert sind, bis hin zum umfassendsten Kreis, der die Gesamtorganisation
repräsentiert. Die einzelnen Kreise organisieren sich selbst, sind aber gleichzeitig Teil eines größeren Kreises. Es müssen daher die Bedürfnisse anderer Kreise
berücksichtigt werden, was in der Holakratie dadurch erreicht wird, indem die
Verantwortlichkeiten und Begrenzungen formuliert sind, die jeder Kreis beach-
ten muss. Wenn ein Kreis verschiedene Subkreise enthält, gibt es zwei spezielle
Rollen, und zwar die des *Lead-Links* und des *Rep-Links.* Die Rolle des Lead-
Links besteht darin, den Kreis als Ganzes zu repräsentieren und die Anliegen des
Kreises geltend zu machen. Verantwortlichkeiten des Lead-Links sind z. B. das
Zuweisen von Rollen oder die Definition von Prioritäten und Strategien für den
Kreis. Der Rep-Link hingegen repräsentiert den jeweiligen Subkreis innerhalb
des größeren Kreises und bringt die Bedürfnisse und Perspektiven des Sub-
kreises ein. Zudem gibt es noch die Rolle des *Cross-Links,* die parallele oder
weit voneinander entfernte Kreise verbindet. Klar strukturierte Meetings sollen
zudem die Abstimmung sicherstellen: *Governance Meetings* haben den Schwer-
punkt auf der Verfeinerung der Struktur des Kreises und *Tactical Meetings* haben
einen Fokus auf dem operativen Geschäft. Festgehalten ist alles in der sogenannten Holacracy-Verfassung, die wenn Holacracy in einer Organisation eingeführt
wurde, das zentrale Regelwerk der Organisation darstellt.

Altherr (2019) bezeichnet Holacracy als eine kommerzialisierte Variante von
mehrheitlich soziokratischen Elementen. Bockelbrink et al. (2019) hingegen
sehen Holacracy als eine Form der Soziokratie neben Soziokratie 3.0 und der
Soziokratischen Kreismethode (SKM).

2.2.3 Scrum

Ken Schwaber und Jeff Sutherland sind zwei der Originalunterzeichner des agilen Manifests. Sie haben *Scrum* entwickelt und 1995 erstmals vorgestellt. Ihre Idee stellen sie im sogenannten Scrum Guide zur Verfügung, der auch auf Deutsch verfügbar ist (Schwaber & Sutherland, 2017 sowie 2020). Scrum ist ein Rahmenwerk zum Management der Arbeit an komplexen Aufgabenstellungen, um produktiv und kreativ Produkte mit höchstmöglichem Wert abliefern zu können. Das Scrum-Rahmenwerk besteht aus *Scrum Teams* und den zu ihnen gehörenden Rollen, Ereignissen, Artefakten und Regeln und ist in Abb. 2.2 dargestellt. Jede Komponente innerhalb des Rahmenwerks dient einem bestimmten Zweck und ist unentbehrlich für den Einsatz von Scrum und dessen Erfolg.

Scrum baut auf drei Säulen der empirischen Prozesssteuerung auf: Transparenz, Überprüfung („Inspection") und Anpassung („Adaptation"), welche durch Rollen, Ereignisse, Artefakte und Regeln gewährleistet werden sollen.

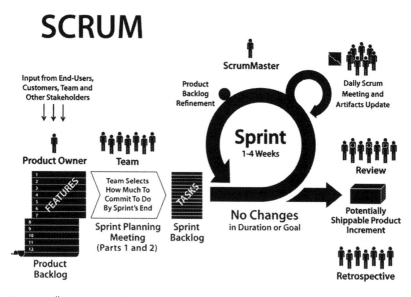

Abb. 2.2 Übersicht über Scrum. (Quelle: Sutherland & Schwaber, 2011, S. 16, CC BY-SA 4.0)

Ein Scrum Team besteht aus den folgenden Rollen: dem **Produkt Owner,** dem **Development Team** sowie dem **Scrum Master.** Der Produkt Owner ist dafür verantwortlich, den Wert des Produktes zu maximieren. Das Development Team sorgt dafür, dass am Ende eines jeden Sprints ein „Done", d. h. ein fertiges Inkrement übergeben werden kann, welches potenziell auslieferbar ist. Was ein Inkrement und ein Sprint ist, wird dann anschließend gleich erklärt. Development Teams sind interdisziplinär und so strukturiert und befähigt, dass sie ihre eigene Arbeit selbst organisieren und managen können. Der Scrum Master ist dafür verantwortlich, Scrum entsprechend des Scrum Guides zu fördern und zu unterstützen, indem er allen Beteiligten hilft, die Scrum zu verstehen und zu leben. Zentrale Werte von Scrum sind Commitment, Mut, Fokus, Offenheit und Respekt, die die Scrum Rollen in ihrer Arbeit mit Scrum erleben und leben sollen. Neben den Rollen und Werte sind zudem die sogenannten **Scrum Artefakte** und **Scrum Events** wichtig:

Scrum Artefakte repräsentieren Arbeit oder Werte und sind so definiert, dass sie größtmögliche Transparenz sowie Möglichkeiten zur Überprüfung und Anpassung erlauben.

Das **Produkt Backlog** wird vom Produkt Owner verantwortet und ist eine geordnete Liste von allem, von dem bekannt ist, dass es im Produkt enthalten sein soll. Sie entwickelt sich kontinuierlich weiter, weil mit der Arbeit am Produkt und in der Entwicklung neue Anforderungen, Verbesserungen und Fehler bekannt werden, die angegangen werden müssen. Das Produkt Backlog ist somit nie final.

Für das **Sprint Backlog** werden aus dem Produkt Backlog, die Einträge ausgewählt, die in dem Sprint bearbeitet werden sollen, um das Produkt Inkrement zu liefern und das Sprint-Ziel zu erreichen. Das Sprint Backlog macht die gesamte Arbeit sichtbar, die das Development Team für notwendig erachtet, um das Sprint-Ziel zu erreichen.

Das **Inkrement** ist ein überprüfbarer Schritt in Richtung des Ziels und additiv zu allen Inkrementen vorheriger Sprints. Am Ende des Sprints muss das neue Inkrement **„done"**, d. h. erledigt sein. Was „done" heißt, hat das Team vorgängig definiert.

In Scrum gibt es zudem zeitlich befristetete **(time boxed)** vorgeschriebene Ereignisse (Events). Das Herz von Scrum ist der **Sprint,** ein Zeitraum (Time Box) von maximal einem Monat, innerhalb dessen ein „Done", d. h. nutzbares und potenziell veröffentlichbares (releasebares) Produkt Inkrement hergestellt wird. Dafür bedarf es einer gemeinsamen Definition und eines Verständnisses innerhalb der Teams, was „done" bedeutet und an was man dies konkret festmacht. Wie mit einem Projekt will man mit einem Sprint etwas Bestimmtes erreichen.

Jeder Sprint hat ein Ziel, was gebaut werden soll, einen Entwurf und einen flexiblen Plan, der die Umsetzung, die Arbeit und das resultierende Produkt Inkrement in die richtige Richtung lenkt. Ein Sprint beinhaltet und umfasst folgende Events:

Im *Sprint Planning* plant das Scrum Team gemeinschaftlich die Arbeit und beantwortet dabei die Fragen, was in dem Produkt Inkrement des kommenden Sprints enthalten sein soll und wie die Arbeit dafür erledigt wird. Zudem wird das Sprint-Ziel erarbeitet.

Daily Scrum ist ein tägliches 15-minütiges Treffen für das Development Team, bei dem die Arbeit für die kommenden 24 h geplant wird. Dazu gehört die Überprüfung der Arbeitsergebnisse seit dem letzten Daily Scrum und es wird die im Sprint bevorstehende Arbeit prognostiziert, um die Zusammenarbeit und Leistung des Teams zu optimieren.

Am Ende eines Sprints wird ein *Sprint Review* abgehalten. Das ist ein informelles Meeting, um das Produkt Inkrement zu überprüfen und das Produkt Backlog bei Bedarf anzupassen. Die Vorführung des Inkrements soll Feedback anregen. Das Ergebnis des Sprint Reviews ist ein überarbeitetes Produkt Backlog, welches die möglichen Produkt Backlog-Einträge für den kommenden Sprint enthält.

Bei der *Sprint Retrospective,* die nach dem Sprint Review und vor dem nächsten Sprint Planning stattfindet, überprüft und reflektiert sich das Scrum Team und leitet einen Verbesserungsplan für den kommenden Sprint ab.

Mit Ausnahme des Sprints als Container für alle anderen Ereignisse ist jedes Scrum Event eine formale Gelegenheit zur Überprüfung und Anpassung und zur Schaffung von Transparenz. Scrum ist kostenlos und in Form des Guides für alle zugänglich. Scrum hat sich seit seiner Entstehung weiterentwickelt, was in den unterschiedlichen Versionen des Guides nachvollziehbar gemacht wird. Scrum wird nicht nur in der Softwareentwicklung eingesetzt, wo es seine Wurzeln hat, sondern mittlerweile in verschiedenen Bereichen komplexer Arbeit z. B. in der Entwicklung von Hardware, in der Bildung (Böhm, 2019, S. 121), Dienstleistungen bis hin zum Bibliothekswesen (Ittensohn & Rieser, 2021).

Scrum skalieren
Scrum ist auf „das Kleine" ausgelegt. „Das Scrum Team ist klein genug, um flink zu bleiben und groß genug, um innerhalb eines Sprints bedeutsame Arbeit fertigzustellen, üblicherweise zehn oder weniger Personen" (Schwaber & Sutherland, 2020, S. 10). Möchte man Scrum skalieren, d. h. auf mehrere Teams übertragen, die an einem integrierten Produkt arbeiten, gibt es mehre Modelle und Frameworks, von denen SAFe und das Spotify Model hier kurz vorgestellt werden, weil diese im „Agilitätssprech" oftmals fallen (Böhm, 2019, S. 97–110 für eine Übersicht und weitere Modelle wie DaD – Disciplined Agile Deliver, LeSS – Large Scale Scrum oder Scrum@Scale).

Das *Scaled Agile Framework (SAFe)* ist das bekannteste Skalierungsmodell am Markt und liegt mittlerweile als SAFe 6.0 Version vor. SAFe wurde 2011 von Dean Leffingwell entwickelt. SAFe nutzt verschiedene agile Techniken wie z. B. Scrum, Lean oder Kanban und weitere und ist mit einer Zertifizierung verbunden (SAFe 6.0 (scaledagileframework.com)). Der *Spotify Ansatz* ist ein Fallbeispiel des gleichnamigen Unternehmens. Im Mittelpunkt von Spotify stehen sich selbst organisierende, funktionsübergreifende Teams, die sogenannten *Squads*. Sie ähneln einem Scrum Team. Squads, die fachlich eng an ähnlichen Themen arbeiten, bilden einen *Tribe*. Der Wissensaustausch wird über sogenannte *Chapters* und *Guilds* gewährleistet, d. h. Austausch von Mitgliedern unterschiedlicher Squads mit gleichen Rollen und Aufgaben aus einem Tribe oder interessengeleitet über den Tribe hinaus.

2.2.4 Integrale evolutionäre Organisation – Die Teal Organisation

In Zusammenhang mit Selbstorganisation und als mögliche Antwort für Unternehmen, um in der VUCA-Welt zu bestehen (Rzepka et al., 2023) kommt die Idee der sogenannten *„Teal-Organisation"* zur Sprache, welche im Buch „Reinventing Organizations" des ehemaligen Unternehmensberaters und McKinsey-Partners Frédéric Laloux 2014 im Original, 2015 auf Deutsch, skizziert wird. Laloux (2015) differenziert verschiedene Entwicklungsstufen von Organisationen (Tab. 2.1), von der jede wichtige Durchbrüche hervorgebracht und dadurch ermöglicht hat, komplexere Probleme anzugehen und Ergebnisse zu erzielen.

Auf Basis von Fallstudien leitet er zukunftsweisende, evolutionäre Organisationen ab und weist ihnen die Farbe petrol (=teal in Englisch, was ein blaugrüner Farbton ist) zu. Diese evolutionären Organisationen (Tab. 2.2) weisen folgende wichtige Durchbrüche auf, welche verschiedene alltägliche Praktiken zeigen (Laloux, 2015, S. 54–55):

1. **Selbstführung:** evolutionäre Organisationen funktionieren vollständig ohne Hierarchie (und auch ohne Konsens). Ihre Organisation funktioniert wie komplexe adaptive Systeme.
2. **Ganzheit:** Evolutionäre Organisationen ermöglichen den Organisationsmitgliedern, sich in der inneren Ganzheit, als vollständiges Selbst, einbringen zu können und nicht nur das „berufliche" Selbst zeigen zu dürfen.
3. **Evolutionärer Zweck/Sinn:** Evolutionäre Organisationen sind aus sich heraus lebendig, entwickeln sich und dienen einem Sinn.

Neue Organisationsformen erfordern andere Praktiken und Prozesse. Laloux (2015) schlägt bereits explizit eine Brücke zu den Personalprozessen und damit zu

Tab. 2.1 Organisationsstufen (Laloux, 2015, S. 36–37)

Organisationsstufe und deren Merkmale	Farbe	Durchbrüche	Metapher und Beispiele
Tribale impulsive Organisationen Ständige Machtausübung durch den Anführer, um den Gehorsam der Untergebenen zu sichern. Angst hält die Organisation zusammen. Sehr reaktiv, kurzfristiger Fokus. Gedeiht in chaotischen Umgebungen	Rot	Arbeitsteilung Befehlsautorität	Das Wolfsrudel z. B. Mafia, Straßengangs
Traditionelle konformistische Organisationen Stark formalisierte Rollen innerhalb einer hierarchischen Pyramide, Anweisung und Kontrolle von oben nach unten (Was und Wie), Stabilität ist der höchste Wert und wird durch exakte Prozesse gesichert, die Zukunft ist die Wiederholung der Vergangenheit	Bern-stein	Formale Rollen (stabile und skalierbare Hierarchien) Prozesse (langfristige Perspektiven)	Die Armee z. B. Militär, katholische Kirche, viele Regierungsbehörden
Moderne leistungsorientierte Organisationen Das Ziel ist, besser zu sein als die Konkurrenz, Profite zu erwirtschaften und zu expandieren. Durch Innovation kann man an der Spitze bleiben. Management durch Zielvorgaben (Anweisung und Kontrolle bei dem, was getan wird; Freiheit dabei, wie es getan wird)	Orange	Innovation Verlässlichkeit Leistungsprinzip	Die Maschine z. B. Konzerne
Postmoderne pluralistische Organisationen Innerhalb der klassischen Pyramidenstruktur, Fokus auf Kultur und Empowerment, um eine herausragende Motivation der Mitarbeitenden zu erreichen	Grün	Empowerment werteorientierte Kultur Berücksichtigung aller Interessengruppen	Die Familie z. B. kultur-orientierte, gemeinnützige Organisationen

Tab. 2.2 Integrale evolutionäre Organisation (Laloux, 2015, S. 53–234)

Organisationsstufe und deren Merkmale	Farbe	Durchbrüche	Metapher und Beispiele
Integrale evolutionäre Organisation	Petrol	Selbstführung Ganzheit Evolutionärer Sinn/Zweck	Organisation als lebendiges System, lebendige Organismen

HR und geht auf Fragen des Onboardings, der Weiterbildung, Stellenbeschreibungen, Stellenbezeichnungen und Karriereplanung, Verpflichtungen, Arbeitsstunden und Flexibilität, Feedback und Leistungsmanagement sowie Kündigung und Entlassung ein.

2.2.5 Mehr Vielfalt in den Organisationsmodellen

Verschiedene Organisationsmodelle und Ansätze zeigen unterschiedliche Wege auf, Aufgaben, Kompetenzen und Verantwortlichkeiten organisationsweit oder für bestimmte Bereiche neu oder anders zu gestalten. Dabei sind sie unterschiedlich vorschreibend bzw. offen. Gemeinsamkeiten zeigen sich nach Zirkler und Werkmann-Karcher (2020, S. 38), in

- einer konsequente Kundenorientierung und -erforschung,
- der Selbstorganisation der Teams und einer Fokussierung auf kurze Zeitzyklen,
- einer erhöhten Transparenz der Arbeit sowie
- einer erhöhten Reflexivität.

Um nun entscheiden zu können, inwieweit die jeweiligen Organisationsmodelle für die eigene Organisation oder bestimmte Bereiche davon sinnvoll sein könnten, bedarf es eines deutlich tieferen Verständnisses und einer kritischeren Reflexion als es in diesem Rahmen hier leistbar ist. Was man jedoch sagen kann, ist, dass Organisationsstrukturen die Art der Zusammenarbeit sowie Fragen von Macht und Autonomie auf den Prüfstand stellen und neu diskutiert werden müssen, wenn die Agilitätsdiskussion geführt wird. Und ebenso, dass neue Organisationsmodelle mit mehr Selbstorganisation nicht bedeuten, dass jede und jeder machen kann was sie oder er will und es keine Rahmenbedingungen und Regeln gibt – im Gegenteil. Die Ausführungen z. B. zu Scrum machen dies deutlich.

Dass viele Unternehmen diese Organisationsdiskussion geführt haben und ihre Organisationstruktur signifikant angepasst haben, beschreiben Greenhaus et al. (2018). Es zeigt sich ein Trend zur Verflachung, d. h. Hierarchiestufen werden reduziert und zur Dezentralisierung. Zudem sind vermehrt Organisationsformen mit (teil-)autonomen, teambasierten Strukturen zu finden. Insgesamt zeigt sich eine größere Vielfalt an Organisationsformen und Organisationmodellen mit mehr Spielarten und Kombinationen, als dies vielleicht noch vor zwanzig Jahren der Fall war. Das kann auch bedeuten, dass innerhalb einer Organisation verschiedene Organisationsformen und -modelle parallel zu finden sind im Sinne einer *dualen Organisation,* wobei der klassisch, hierarchisch strukturierte Unternehmensteil operativ ausgerichtet ist und sich auf Verlässlichkeit und Effizienz fokussiert, währenddessen der netzwerkorientierte Unternehmensteil durch innovative Projekte und selbstorganisierte Teams schneller und flexibler auf Veränderungen in der Umwelt reagieren kann (Kotter, 2014).

2.3   Sprechen Sie agil? Tücke „Agilitätssprech"

Eine Herausforderung, wenn man sich neu mit dem Thema Agilität beschäftigt, ist das ganz eigene Vokabular, das ganz unterschiedlichen Disziplinen und Professionen entstammt und in Englisch, Deutsch oder „Denglisch" daherkommt („Agilitätssprech") und die Tücken der Experten-Laienkommunikation voll zu schlagen (Bromme & Jucks, 2016). Wenn Personen, die sich schon länger und vertieft mit Agilität beschäftigt haben, selbstverständlich z. B. mit „Retrospektiven", „Tribes" und dem „Lead-Link" um sich werfen, braucht es doch etwas Mut einzuhaken und nachzufragen, was denn da nun genau mit gemeint ist. Den Herausforderungen des Agilitätsvokabulars wird Rechnung tragen, indem es in vielen wissenschaftlichen bzw. praxisorientierten Publikationen oder Ressourcen Glossare, Nachschlagewerke und Übersetzungshilfen gibt (z. B. Ayberk et al., 2017; Borretty & Scheer, 2019; Kussay-Merkle, 2018).
    Einige zentrale Agilitätsvokabeln (im Text jeweils fett kursiv hervorgehoben) wie z. B. VUCA, Scrum, MVP, Kreis etc. wurden bereits in den vorhergehenden Abschnitten kurz eingeführt und in Abschn. 2.4 wird sich noch das Geheimnis um „Cynefin" lüften. Im Folgenden werden nun einige weitere Agilitätsvokabeln vorgestellt, und zwar die Unterscheidung zwischen „being und doing agile" sowie zwei weitere zentrale Methoden: die des Design Thinking sowie Kanban (weitere Methoden u. a. bei Ehmann, 2019; Nürnberg, 2018). Abschließend wird zudem erklärt, was sich hinter Ambidextrie verbirgt.

Tab. 2.3 Die Differenzierung zwischen doing agile und being agile. (In Anlehnung an Hofert, 2021 sowie Meissner et al., 2023)

Doing Agile	Methoden	z. B. Scrum, Kanban, Design Thinking, Lean
	Praktiken	z. B. Retrospektive, Daily Stand-up, Prototyping
Being Agile	Prinzipien	z. B. Verschwendung eliminieren, Anforderungen kontinuierlich aufnehmen, regelmäßige Feedbackzyklen
	Werte	z. B. Mut, Fokus, Offenheit, Commitment

Being Agile und *Doing Agile*

Was ist der Unterschied zwischen „Doing Agile" und „Being Agile"? Vereinfacht gesagt verbergen sich hinter „Being Agile", die zugrunde liegenden Werte und Prinzipien der agilen Zusammenarbeit, während bei „Doing Agile", die zu verwendenden Praktiken und Methoden im Vordergrund stehen (Hofert, 2021; Meissner et al., 2023). Beides geht jedoch Hand in Hand und ist nicht als Gegensatz zu verstehen. Werte zu haben, ohne diese in Handlung umzusetzen, ist ebenso schwierig wie Methoden anzuwenden, ohne sich mit den zugrunde liegenden Werten und Prinzipien beschäftigt zu haben. Agile Werte sind die Grundlage für darauf basierende Prinzipien. Prinzipien leiten sich aus den Werten ab und helfen dabei, den Wert umzusetzen. Und wenn man sich fragt, wie man das konkret tun kann, kommen verschiedene Praktiken, d. h. konkrete Vorgehensweisen und Techniken zum Einsatz. Die Methode ist die integrierte Verwendung mehrerer Praktiken in einem größeren Ganzen. Tab. 2.3 gibt hierzu eine Übersicht sowie konkrete Beispiele.

Design Thinking

Design Thinking ist kein geschützter Begriff und wird im deutschsprachigen Raum vom Hasso-Plattner-Institut der Universität Potsdam geprägt, das entsprechende Ressourcen bereitstellt (für eine Übersicht https://hpi.de/; https://hpi-academy.de/; Plattner et al., 2011; Schallmo & Lang, 2017).

Design Thinking ist ein systematischer Ansatz, um komplexe Problemstellungen aus Perspektive der Nutzerbedürfnisse und -wünsche anzugehen. Der Design Thinking Innovationsprozess wird typischerweise in fünf bzw. sechs Phasen dargestellt:

1. **Verstehen:** In der Phase steckt das Team den Problemraum ab.
2. **Beobachten:** In der Phase sieht das Team nach außen und baut Empathie für die Nutzerinnen und Nutzer auf. Was sind deren mögliche Bedürfnisse und Probleme?

3. **Sichtweise definieren:** In dieser Phase geht es darum, die Sichtweise zu definieren. Es werden die gewonnenen Erkenntnisse zusammengetragen und verdichtet. Was sind die zentralen Probleme aus Sicht der Nutzerinnen und Nutzer?
4. **Ideen finden:** In der Phase entwickelt das Team zunächst eine Vielzahl von Lösungsmöglichkeiten, um sich dann zu fokussieren.
5. **Prototypen entwickeln:** Das anschließende Umsetzen von Prototypen dient der Entwicklung konkreter Lösungen, die an den Zielgruppen getestet werden können.
6. **Testen:** In dieser Phase werden die Prototypen mit Nutzerinnen und Nutzern getestet, um durch Feedback die nächsten Iterationsschritte abzuleiten.

Diese Phasen verlaufen nicht unbedingt linear, sondern es wird in der Praxis oftmals zwischen den Phasen gesprungen, was in Abb. 2.3 illustriert wird.

Design Thinking ist nicht nur ein Prozess mit Phasen, sondern in den Phasen kommen jeweils unterschiedliche Praktiken zum Einsatz wie Brainstorming, User Personas oder User Stories (Schallmo & Lang, 2017).

Kanban

Kanban gehört zu den agilen Methoden und wurde in Abschn. 2.1 bereits in Zusammenhang mit der Produktion bei Toyota kurz angeschnitten, um das Problem von großen Lagerbeständen anzugehen. Dafür wurden Karten genutzt (Kanban kommt aus dem japanischen und bedeutet (Laden)Schild, Signalkarte), auf denen jeweils

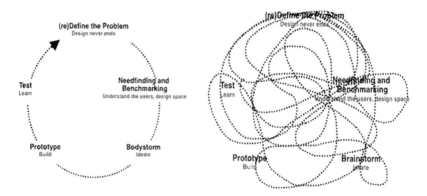

Abb. 2.3 Phasenverlauf beim Design Thinking. (Aus Meinel & Leifer, 2011, S. XIV; mit freundlicher Genehmigung von © Springer Berlin, Heidelberg 2010. All Rights Reserved)

das benötigte Teil zu lesen war. Dadurch wurde der Produktionsprozess ausgelöst („Pull-Prinzip"). Neben der Produktion wurde Kanban ab den 2000er Jahren für die Softwareentwicklung adaptiert und genutzt. Anderson (2011) zählt hier zu den Pionieren und beschreibt in seinem Buch sehr anschaulich, was Kanban ist und wie es genutzt werden kann:

Die Grundidee eines Kanban-Systems besteht darin, dass eine vereinbarte Anzahl an Kanban-Karten (eine Karte repräsentiert eine Arbeitseinheit) in Umlauf gebracht wird. Die Kartenmenge ist durch die maximale Kapazität des Systems bestimmt und damit beschränkt. Eine neue Arbeitseinheit darf nur begonnen werden, wenn eine freie Karte verfügbar ist, ansonsten muss die Arbeitseinheit in der Warteschlange („Queue") warten. Ist eine freie Karte verfügbar, wird diese dann der neuen Arbeitseinheit zugeordnet und folgt ihr im Fluss durch das System.

Kanban ist durch drei Grundprinzipien und fünf Kerneigenschaften gekennzeichnet. Die drei Grundprinzipien lauten:

1. Beginne dort, wo du dich im Moment befindest, d. h. ausgehend vom Bestehenden und den anstehenden Aufgaben.
2. Komme mit den anderen überein, dass inkrementelle, evolutionäre Veränderungen angestrebt werden, d. h. allmähliche, schrittweise Veränderungen.
3. Respektiere den bestehenden Prozess sowie die existierenden Rollen, Verantwortlichkeiten und Berufsbezeichnungen, was einen starken Bezug zum ersten Punkt hat.

Die fünf Kerneigenschaften von Kanban sind:

1. Visualisiere den Fluss der Arbeit *(Workflow)*.
2. Begrenze den *Work in Progress* (Menge an begonnener Arbeit = WIP).
3. Führe Messungen zum Fluss durch und kontrolliere ihn.
4. Mache die Regeln für den Prozess explizit.
5. Verwende Modelle, um Chancen für Verbesserungen zu erkennen.

Oftmals wird nur der erste Punkt mit Kanban in Verbindung gebracht („Das physische oder virtuelle Board mit den Karten"), was jedoch zu kurz greift. Die anderen Eigenschaften, insbesondere auch die die Begrenzung der Arbeit und der Austausch, um Verbesserungen zu erzielen, sind ebenso wichtig.

Ambidextrie
Ambidextrie heißt von der Wortbedeutung „beidhändig", d. h. die gleich ausgebildete Geschicklichkeit beider Hände. Auf Organisationen übertragen werden statt

zwei Hände zwei Modi oder Strategien unterschieden mit unterschiedlichen Vorstellungen wie Arbeit, Aufgaben und Kompetenzen gestaltet und verteilt werden sollten
und entsprechend unterschiedlichen Zielsetzungen, Methoden und Instrumenten.
Das ist zum einen der Modus der Exploitation (von engl. to exploit = ausnut-
zen, ausbeuten, verwerten) und zum anderen der Modus der Exploration (von engl.
to explore = erforschen, erkunden, sondieren). Tab. 2.4 stellt die Hauptmerkmale
gegenüber.

Da Agilität und agile Methoden oftmals mit „exploration" in Verbindung
gebracht werden bzw. Ambidextrie sich in der dualen Organisation (Abschn. 2.2.4)
widerspiegelt und diskutiert wird (Karlhaus & Wolf, 2021) ist Ambidextrie eine
der Vokabeln, die einem häufig begegnet (für eine Übersicht Frei & Töpfer, 2021;
Gergs & Lakeit, 2020). Ambidextrie ist zudem eine gute Überleitung zum folgenden Abschnitt, da sie sich auch mit der Frage beschäftigt, wann, unter welchen
Bedingungen und in welcher Ausprägung welcher Modi zielführend ist.

Tab. 2.4 Gegenüberstellung von Exploitation und Exploration (Gergs & Lakeit, 2020,
S. 71)

	Exploitation	Exploration
Fokus der Strategie	Kosten, Profit	Innovation, Wachstum
Kritische Aufgaben	Effizienz	Effektivität, Anpassungsfähigkeit
Innovationstypus	Inkrementell	Disruptiv
Risikobereitschaft	Gering	Hoch
Struktur	Formal, Hierarchie, mechanistisch	Adaptiv, Netzwerk, lose
Fehlerorientierung	Fehler und Misserfolge vermeiden	Fehler und Misserfolge nutzen
Führungsrolle	Manager, hohe Machtdistanz, top-down, Umsetzung von Vorgaben	Leader, geringe Machdistanz, bottom-up, visionär
Führungsverhalten	Schließend	Öffnend
Aufmerksamkeitsfokus	Vorgänge innerhalb der Organisation	Vorgänge außerhalb der Organisation
Kultur	Effizienz, Beständigkeit, Erhaltung, Optimierung, Perfektion	Geschwindigkeit, Experimente, Erforschung, Mut

2.4   Agilität als Allzweckwaffe?

In wettbewerbsintensiven, globalen Märkten mit technologischen Innovationen und dynamischen Marktbedingungen (Stichwort VUCA) ist es für Unternehmen erfolgskritisch, rasch auf Veränderungen reagieren zu können. Daraus könnte man den Schluss ziehen, dass Agilität eine „Allzweckwaffe" für die aktuellen und zukünftigen unternehmerischen Herausforderungen darstellt – im Sinne von je agiler die Organisation als Ganzes, die jeweiligen Teams, die Organisationsmitglieder und die Instrumente und Prozesse aufgestellt sind, desto besser (Stock-Homburg & Groß, 2019).

Doch wie sonst auch, ist das eine **Frage der Anforderungsorientierung.** Unter welchen Anforderungen ist Agilität, sind agile Methoden in welcher Form sinnvoll und zielführend und wann nicht? Oder anders gefragt: wann braucht es eher Exploitation und wann eher Exploration? Um dieser Frage nachzugehen, wird oftmals ein Instrument genutzt, das aus einer Kombination zweier Ansätze entstanden ist, und zwar zum einen der Stacey-Matrix und zum anderen des Cynefin Frameworks. Beide werden im Folgenden zuerst vorgestellt, bevor auf deren Kombination eingegangen wird.

2.4.1   Die Stacey-Matrix

Ob in wissenschaftlich oder praxisorientierten Lehrbüchern oder Zeitschriftenartikeln, Bloggbeiträgen oder auch in Erklärfilmen auf Youtube, wenn man sich mit Agilität näher beschäftigt, stolpert man unweigerlich über die *Stacey-Matrix* (z. B. Edelkraut & Mosig, 2019; Fischer & Häusling, 2020; Fuchs et al., 2019; Stock-Homburg & Groß, 2019; Zimmerman, 2001). Basierend auf den Ausführungen von Zimmerman (2001) geht die Stacey-Matrix auf die Frage zurück, wie Entscheidungen unter Unsicherheit getroffen werden und welche Management- und Handlungsstrategien sich daraus ergeben. Die Stacey-Matrix (Abb. 2.4) bildet auf der Y-Achse den Grad der Übereinstimmung der Entscheidungsträgerinnen und -träger ab („agreement among stakeholders") und zwar von keiner Übereinstimmung in Bezug auf die zu treffende Entscheidung bis zur hohen/völligen Übereinstimmung. Eine hohe Übereinstimmung ist dann gegeben, wenn Ursache-Wirkungszusammenhänge bestimmt werden können, da beispielsweise eine ähnliche Entscheidung in der Vergangenheit getroffen werden musste und daher Rückschlüsse auf die zukünftige Entscheidung gemacht werden können. Auf der X-Achse ist die Sicherheit („certainty") in Bezug auf die zu treffende Entscheidung respektive des passenden Vorgehens abgebildet.

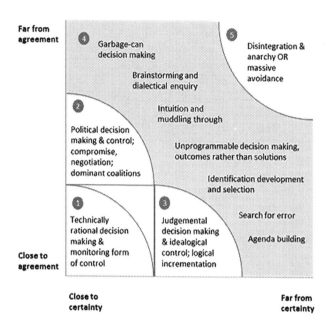

Abb. 2.4 Stacey's agreement and certainty matrix. (Quelle: Zimmerman, 2001, S. 4; © 2001, Brenda J. Zimmerman. Schulich School of Business, York University, Toronto, Canada. Permission to copy for educational purposes only)

Abhängig von der Platzierung auf der Matrix werden fünf unterschiedliche Felder unterschieden, in denen unterschiedliche Handlungsstrategien zum Einsatz kommen sollten.

- **Übereinstimmung und Sicherheit sind hoch:** In diesem Bereich der Matrix kommt eine rationale Entscheidungsfindung sinnvollerweise zum Einsatz („technically rational decision making"). Es werden vergangenheitsbezogene Daten (z. B. Standards, Checklisten) für die aktuelle Situation genutzt und überwacht. Durch wiederholtes Anwenden wird die Effizienz und Effektivität verbessert.
- **Übereinstimmung ist hoch bei mittlerer Sicherheit:** Es herrscht eine hohe Übereinstimmung über die zu treffende Entscheidung, aber eine relative Unsicherheit über das Vorgehen. Das Vorgehen kann dann an einer gemeinsamen Mission oder Vision anstelle eines bereits vorgefertigten Plans ausgerichtet

werden bzw. es werden umfangreiche Analysen vorgenommen, Expertinnen und Experten hinzugezogen und eine bewertende Entscheidung vorgenommen („judgemental decision making").

- **Übereinstimmung ist mittel und Sicherheit ist hoch:** Bei einigen Themen besteht zwar vergleichsweise große Gewissheit darüber, dass es eine Entscheidung braucht, Ergebnisse zustande kommen müssen, aber ein eher hohes Maß an Meinungsverschiedenheiten darüber, welche Ergebnisse wünschenswert sind. Es sind unterschiedliche Interessen oder Zielkonflikte vorhanden. Politik wird in diesem Bereich der Matrix immer wichtiger und Koalitionsbildung, Diskussionen, Verhandlungen und Kompromisse eingesetzt („political decision making").
- **Steigende Unsicherheit und immer weniger Übereinstimmung:** Dieser Bereich wird die „Zone of Complexity" genannt (andere nennen diese „edge of chaos"). Die Meinungen sind hier sehr unterschiedlich und es herrscht hohe Unsicherheit darüber, was das passende Vorgehen ist. Das Umfeld ist somit komplex und es werden komplexe Entscheidungsansätze vorgeschlagen („complex decision making") wie Workshopformate, das Einbeziehen unterschiedlicher Sichtweisen und Perspektiven, experimentelle Ansätze oder Brainstorming, um dadurch ein gemeinsames Verständnis zu schaffen und dadurch eine höhere Übereinstimmung und Erfahrungen zu sammeln, was ein passendes Vorgehen wäre.
- **Sehr hohes Maß an Unsicherheit und Uneinigkeit:** Traditionellen Methoden der Planung, der Aufzeigen einer Visionierung oder Verhandlung sind in einem solchen Kontext unzureichend. Es herrscht das Chaos mit der Gefahr des Zusammenbruchs oder der Anarchie. Eine, wenngleich dysfunktionale, Strategie für den Umgang mit solchen Kontexten ist das Vermeiden, d. h. solche Themenstellungen werden ignoriert oder geleugnet.

Stacey selbst hat die Matrix vor mehr als zwanzig Jahren fallengelassen, und sie findet sich nicht in seinen (späteren) Werken (z. B. Stacey, 1996, 1999, 2011, 2012), wenngleich diese oftmals als Quelle dafür angegeben werden. Oder wie Mowles (2020, S. 16–17) hierzu treffend schreibt „*There is no copyrighted Stacey method – he did once design a two-by-two matrix, with one axis charting high agreement to low agreement and the other mapping close to certainty or far from certainty to map the conditions in which extraordinary management is required. Stacey had dropped this contingency theory, although the diagram persists with a life of its own.*"

Die Grundidee der Matrix mit diversen Vereinfachungen und Weiterentwicklungen (z. B. mit differierenden Bezeichnungen der x- und Y-Achse) wird somit, insbesondere basierend auf der Zimmerman-Version (2001), genutzt, um Problemstellungen zu analysieren und einzuordnen und als Stacey-Matrix bezeichnet; beispielsweise, um das passende Vorgehen für das Projektmanagement zu finden, im Rahmen von agiler Führung oder um die Passung eines agilen Vorgehens zu beurteilen (z. B. Fuchs et al., 2019; Hartel, 2022; Hofert, 2021; Uludag et al., 2019; Zierock et al., 2023). Dabei wird die Matrix oder ihre Variationen oftmals mit dem im folgenden vorgestellten Cynefin® Framework (thecynefin.co) kombiniert. Eine Einordnung und Abgrenzung des Cynefin Framework zu Stacey nimmt Snowdon (2019) vor.

2.4.2 Das Cynefin Framework

Das *Cynefin Framework* stammt aus der Komplexitätsforschung und der Unterscheidung zwischen geordneten, komplexen und chaotischen Systemen. Cynefin ist ein walisisches Wort (Aussprache künevin) und bedeutet „Ort der mehrfachen Zugehörigkeit" („place of multiple belongings"). Es bezeichnet die vielfältigen, miteinander verflochtenen Umfeldfaktoren und Erfahrungskontexte, welche Organisationsmitglieder in ihrem Denken, Interpretieren und Handeln zwar beeinflussen, aber nie vollständig erfass- und verstehbar sind.

Das Cynefin Framework möchte Führungskräfte und Organisationsmitglieder bei der Sinnstiftung unterstützen, indem es verschiedene Bereiche (d. h. Subsysteme) unterscheidet, und zwar a) chaotisch, b) komplex und die geordneten Systeme werden weiter differenziert in c) komplizierte und d) einfache Systeme. Zusätzlich wird ein weiterer Bereich, die „Verwirrungszone" unterschieden. Es gilt ein Bewusstsein dafür zu entwickeln und zu erkennen, in welchem der Bereiche sich die Herausforderungen, mit der sich beispielsweise eine Organisation oder Führungskraft konfrontiert sieht befindet, um dann die passenden Entscheidungen und Maßnahmen zu treffen. Das Framework schlägt Handlungsstrategien für den jeweiligen Bereich vor. Abb. 2.5 zeigt das Cynefin Framework mit den Bereichen („Domains") und den

- **Einfach** („clear, obvious"): es besteht eine lineare Beziehung zwischen Ursache und Wirkung (mit wenigen Variablen). Aufgrund der klaren Zusammenhänge und der offensichtlichen Lösung, können bewährte Ansätze, wie sie Best Practices bieten, genutzt werden. Daher ist es in einfachen Systemen sinnvoll feste Vorgaben („fixed contraints") zu machen, d. h. auf gut etablierte Regeln, Verfahren, Checklisten und Standards, die die Entscheidungsfindung und Problemlösung in einem stabilen und vorhersehbaren Umfeld leiten, zu

Abb. 2.5 Das Cynefin Framework. (thecynefin.co; CC BY-ND 2.0 DEED)

setzen. Die anzuwendende Handlungsstrategie ist **S-C-R: Sense, Categorise, Respond** (Erkenne-Kategorisiere-Reagiere).

* **Kompliziert** („complicated"): es besteht eine lineare Beziehung zwischen Ursache und Wirkung (mit vielen Variablen). Diese Ursache-Wirkungsbeziehung ist aber nicht offensichtlich, sondern es braucht Expertise, um diese zu erkennen und darauf aufbauend aus möglichen Lösungen die optimale Lösung auswählen zu können. Es gibt nicht die eine beste Praxis wie in den einfachen Bereichen, sondern gute Praxis. Es bestehen leitende Rahmenbedingungen („governing constraints"), d. h. im Vergleich zu den einfachen Bereichen ist der Handlungsspielraum größer. Die anzuwendende Handlungsstrategie ist **S-A-R: Sense, Analyse, Respond** (Erkenne-Analysiere-Reagiere).
* **Komplex** („complex"): die Beziehung zwischen Ursache und Wirkung ist mehrdeutig, nicht linear und besteht aus vielen Variablen. Aufgrund des unklaren Zusammenhangs zwischen Ursache und Wirkung ist ein experimentelles Vorgehen notwendig („emergent practices" bzw. „exaptive discovery").

Dafür braucht es „Enabling Constraints", d. h. einen Rahmen, der Erkunden und Experimentieren ermöglicht und so Innovation und Anpassung fördert (im Gegensatz zu starren Beschränkungen oder detaillierten Spezifikationen). Die anzuwendende Handlungsstrategie ist **P-S-R: Probe, Sense, Respond** (Probiere-Erkenne-Reagiere).

- **Chaotisch** („chaotic"): hier besteht keine Möglichkeit der Ordnung, d. h. der Zusammenhang zwischen Ursache und Wirkung lässt sich nicht feststellen. Es gibt keinerlei wirksame Rahmenbedingungen oder Einschränkungen („no effective constraints"). Hier ist neuartiges Handeln notwendig („novel practices"), um das System in einen anderen Bereich wie z. B. „komplex" zu überführen. Die anzuwendende Handlungsstrategie ist **A-S-R: Act, Sense, Respond** (Handle-Erkenne-Reagiere).

- **Verwirrt** („confused/disorder"): der Zustand, in dem man nicht weiß, in welcher Art von System man sich überhaupt befindet („an unhappy place"; „state of being ontological ignorant"). Anders als bei chaotisch gibt es hier ggf. Möglichkeit der Ordnung, nur realisiert man es aktuell nicht. Es ist ein Indikator dafür, dass weitere Bemühungen zur Klärung in welcher Domain man sich befindet notwendig sind.

Das Cynefin Framework dient nicht zur Kategorisierung, sondern der Sinnstiftung („Sensemaking"). Anders als bei einem Kategorisierungsmodell, bei dem zuerst das Model da ist, das die Realität abbilden will und anhand der Daten diese Realität eingeordnet werden kann, ist Cynefin ein Framework, das einen Rahmen gibt auf die Realität zu schauen und bei dem die Daten dem Framework vorgelagert sind. Daher gibt es keine scharf abgrenzbaren Quadranten oder Zonen im Framework, sondern fluide Grenzen zwischen den Bereichen.

2.4.3 Die kombinierte Matrix

Um auf die Ausgangsfrage zurückzukommen, ist Agilität nun eine Allzweckwaffe? Nein, sondern je nach Situation, in der man sich befindet bzw. je nach Art der Problemstellung ist ein agiles Vorgehen, sind agile Methoden mehr oder weniger gut geeignet. Und hier kommen, wie von Fuchs et al. (2019) aufgezeigt, die Kombination aus Stacey-Matrix und Cynefin Framework zum Einsatz, um zu entscheiden, inwiefern agile Methoden passend sind. Abb. 2.6 zeigt die kombinierte Matrix. Auf der Y-Achse ist das Ziel abgetragen (Was soll erreicht werden?). Auf der X-Achse ist der Weg dahin abgetragen (Wie soll das Ziel erreicht werden?) jeweils unterschieden nach der vorherrschenden Klarheit. Je klarer ist, welches

Ziel erreicht werden soll, desto näher am Ursprung der y-Achse befindet sich die Situation bzw. die vorhandene Problemstellung. Und je klarer ist, welcher Weg zum Ziel führt, desto näher am Ursprung der X-Achse. Innerhalb dieser beiden Achsen lassen sich vier Bereiche verorten, und zwar:

- **Einfach:** Das Ziel und das Vorgehen sind klar und die passende Handlungsstrategie ist Erkenne-Beurteile/Kategorisiere-Reagiere.
- **Kompliziert:** Das Ziel ist nicht vollständig klar, aber das Vorgehen ist klar, oder, das Ziel ist klar und das Vorgehen ist nicht vollständig klar. Die passende Handlungsstrategie ist Erkenne-Analysiere-Reagiere.

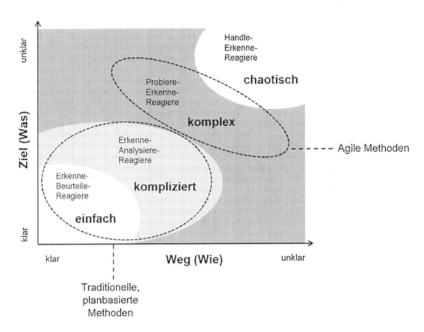

Abb. 2.6 Kombination aus Stacey-Matrix und Cynefin-Framework als Instrument für die Evaluierung von agilen Methoden. (Aus Fuchs et al., 2019, S. 204; mit freundlicher Genehmigung von © 2019, Springer Fachmedien Wiesbaden GmbH, ein Teil von Springer Nature. All Rights Reserved)

- **Komplex:** Das Ziel ist vollständig unbekannt, aber es gibt anfängliche Ideen zum Vorgehen, oder, das Ziel ist ansatzweise klar und das Vorgehen ist vollständig unbekannt. Probiere-Erkenne-reagiere ist die passende Handlungsstrategie.
- **Chaotisch:** Das Ziel und das Vorgehen sind vollkommen unklar und die passende Handlungsstrategie ist Handle- Erkenne-Reagiere.

Durch einen Abgleich der jeweils vier Bereiche können passende Lösungsstrategien für vorhandene Problemstellungen abgeleitet werden. Agile Methoden scheinen in komplexen Situationen passend, weil ihn diesen ein Probiere-Erkenne-Reagiere-Ansatz sinnvoll ist, d. h. ein initiales Ausprobieren und Experimentieren mit einem Fokus auf schnellen Ergebnisanalysen und adaptiven Reaktionen, was einem agilen Vorgehen entspricht. Traditionelle, planbasierte Methoden sind hingegen in einfachen oder komplizierten Problemsituationen passend, weil in diesen ein größerer Fokus auf dem initialen Beurteilen, Analysieren und planbasiertem Vorgehen liegt.

Sich den Anforderungen und Rahmenbedingungen bewusst zu sein, die eine Problemstellung mit sich bringt, sind zusammenfassend eine zentrale Voraussetzung, um entscheiden zu können, ob und in welchem Ausmaß eine agile Vorgehensweise und Methoden Sinn machen oder nicht. Und dabei auf dem Radar zu behalten, dass es auch in einer VUCA-Welt Aufgaben und Problemstellungen gibt, bei denen sich z. B. Standards und Checklisten bewährt haben. Instrumente wie das Cynefin Framework (eine konkrete Anwendung des Cynefin-Frameworks im HR-Kontext illustriert beispielsweise Rybol et al., 2021) oder die Stacey Matrix in ihren verschiedenen Variationen können bei diesen Überlegungen helfen.

Agilität im HR-Management: ein Mehrebenenansatz

Während im vorherigen Kapitel die Grundlagen gelegt wurden, gilt es nun aufzuzeigen, was Agilität aus HR-Perspektive bedeutet. HR ist dabei auf verschiedenen, miteinander zusammenhängenden Ebenen gefordert:

1. Die Organisation möchte agiler werden – hier ist HR in der Rolle als Change Agent, Transformationsgestalter bzw. Organisations- und Personalentwickler gefragt, der die Veränderung begleitet und gestaltet und auch die Organisationsmitglieder unterstützt und befähigt, z. B. in Bezug auf benötigte Kompetenzen (**HR als „Unterstützer" der Agilität der Organisation**).
2. Wenn die Organisation ganz oder in Teilen agiler aufgestellt ist, passen traditionell ausgerichtete HR-Prozesse und Instrumente nicht oder zumindest für einen Teil der Organisation nicht mehr. Das Kundenbedürfnis und die Ansprüche an HR haben sich gewandelt und die „HR-Produkte" wie z. B. die Rekrutierung, die Personalentwicklung oder das Performance Management müssen entsprechend verändert oder neu gedacht werden (**Agilität in den HR-Prozessen und Instrumenten**).
3. Wie dies konkret geschieht, d. h. wie HR selbst sich organisiert und Aufgaben und Kompetenzen verteilt, ist die nächste Betrachtungsebene. Indem HR seine eigene Arbeitsweise auf den Prüfstand selbst und sich selbst weiterentwickelt und transformiert, kann HR selbst agiler werden (**Agilität in der HR-Organisation**).

HR schafft somit Rahmenbedingungen für Agilität und fungiert als interner Dienstleister bzw. Dienstleisterin, der anderen Unternehmensbereichen dabei hilft, agiler zu werden, muss jedoch gleichzeitig selbst agiler werden (Karlhaus &

© Der/die Autor(en), exklusiv lizenziert an Springer-Verlag GmbH, DE, ein Teil von Springer Nature 2024
A. Mücke, *Agilität im HR-Management*, essentials,
https://doi.org/10.1007/978-3-662-69178-6_3

Wolf, 2021). Beispielsweise McMackin und Heffernan (2021) differenzieren zwischen „HR for Agile" und „Agile for HR". Moh'd et al. (2024) arbeiten hierzu systematisch die akademischen Publikationen auf und konnten zeigen, dass es für „Agile for HR", d. h. wie HR selbst agiler werden kann, indem es z. B. agile Praktiken nutzt, deutlich mehr Forschung und Modelle gibt als für „HR for Agile", d. h. wie HR eine agile Organisation unterstützen kann.

Stock-Homburg und Groß (2019, S. 890) unterscheiden die „direkte Unterstützung (z. B. agile Führung von Mitarbeitenden bzw. Teams und Gestaltung agiler Personalmanagementsysteme) und die indirekte Unterstützung (z. B. agile Strategie, agile Kultur und agile Organisation) von Führungskräften und Mitarbeitenden bei der unternehmensweiten Realisierung agiler Prinzipien."

In Bezug auf die verschiedenen Betrachtungsebenen ist es wichtig, die Anforderungsorientierung im Hinterkopf zu behalten und sich bewusst zu sein, dass es keine Patentrezepte geben kann. Je nach Ausgangs- und Bedürfnislage, der Strategie und den Rahmenbedingungen in der jeweiligen Organisation ergeben sich unterschiedliche Anforderungen sowohl was HR in der Rolle als „Unterstützer" bzw. Transformationsbegleiter anbelangt, in Bezug auf die Gestaltung von HR-Prozessen und Instrumenten sowie hinsichtlich der eigenen HR-Organisation. Und zu jeder Betrachtungsebene mit ihren jeweiligen Facetten könnte man separate Bücher schreiben (bzw. wurden mehrere geschrieben), weshalb im Folgenden die verschiedenen Ebenen lediglich anskizziert werden können (jedoch mit entsprechenden Hinweisen versehen, wo weitergelesen werden kann).

3.1   HR als Transformationsförderer und -gestalter

Wenn die Organisation als Ganzes oder einzelne Bereiche agiler werden möchten, kann HR einen wichtigen Beitrag in diesem Transformationsprozess leisten („HR for agile"). HR ist in seiner Rolle als Change Agent, Transformationsgestalter bzw. Organisations- und Personalentwickler gefragt, der die Veränderung begleitet und gestaltet. Die Frage dabei ist nicht, ob HR überhaupt eine Rolle spielt, sondern wie sich HR in der Transformation positioniert: als „first mover", der gestaltet und treibt oder als „second follower", der sich notgedrungen an veränderte Anforderungen des Business anpasst (Häusling & Fischer, 2020).

Das Agile HR Manifest   Analog zum Agilen Manifest wurde 2017 ein von 27 HR-Expertinnen und Experten verfasstes *Agiles HR Manifest* veröffentlicht (Alamagro et al., 2017 bzw. Agile people|Agilehrmanifesto), das zentrale Werte und Prinzipien postuliert z. B.

kollaborative Netzwerke mehr als hierarchische Strukturen oder Transparenz mehr als Verschwiegenheit. Mittlerweile hat es mehr als 300 Unterzeichnerinnen bzw. -unterzeichner und liegt in mehreren Sprachen vor. Betrachtet man das Manifest in Hinblick auf die verschiedenen Perspektiven, wird vor allem die Rolle als „Enabler" betont. Dass HR selbst agil wird, kommt allenfalls durch das „indem wir es selbst tun" zum Ausdruck.

Stock-Homburg und Groß (2019) unterscheiden beim „HR for Agile" zwischen indirekter und direkter Unterstützung durch HR, die an Struktur, Kultur, Organisation sowie Führung und HR-Prozessen (Mitarbeitendenfluss- und Belohnungssysteme) ansetzt und so Einfluss auf die organisationale, teambezogene und individuelle Agilität nimmt. Seidel (2020) beschreibt in seinem Beitrag das Pioneers Trafo-Modell^{TM}, ein agiles Reifegradmodell für Organisationen, das sechs verschiedene Reifegrade differenziert. Der jeweilige organisationale Agilitätsreifegrad wird anhand von sechs zusammenhängenden Dimensionen festgemacht: Strategie, Struktur, Kultur, Führung, Prozess (hiermit sind z. B. Produktentwicklungsprozesse gemeint) sowie HR-Instrumente und stehen somit im Einklang zu den Dimensionen und Überlegungen von Stock-Homburg und Groß (2019). An diesen Dimensionen muss die Transformation ansetzen und HR wirken. Für Grundlagen und Methoden des Change, die Rolle von HR sowie konkrete Gestaltungshinweise für die (agile) Transformation sei an dieser Stelle auf entsprechende Literatur und veranschaulichende Fallbeispiele verwiesen (z. B. Häusling et al., 2019; Häusling, 2020; Häusling & Fischer, 2020b; Hofert & Thonet, 2019; Karlhaus & Wolf, 2021b; Kaune et al., 2021; Kotter, 2011; Trost, 2018). Stattdessen werfen wir einen Blick auf die einzelnen Transformationsdimensionen. Auf die Dimension Struktur wurde bereits ausführlich in Abschn. 2.2 eingegangen und wird in Abschn. 3.3 zudem in Bezug auf die Struktur der HR-Organisation aufgezeigt. Den HR-Prozessen widmet sich Abschn. 3.2. Im Folgenden wird kurz auf die Dimensionen Strategie, Führung und Kultur eingegangen.

3.1.1 Strategie

Die Organisation agiler gestalten zu wollen, ist eine Strategie, überlebensfähiger zu sein, d. h. seine Viabilität zu erhöhen (Zirkler & Werkmann-Karcher, 2020) und sollte in der Unternehmensstrategie entsprechend verankert sein. Die Strategie gibt Orientierung über die Ausrichtung der Organisation und wirkt handlungsleitend (Seidel, 2020). Gleichzeitig widerspricht der klassische Strategieprozess einer hohen Agilitätsorientierung, und es bedarf eines Umdenkens in der Managementlogik und wie die Strategie erarbeitet wird. Entsprechend sollte die Entwicklung einer agilitätsorientierten Strategie agil erfolgen, d. h. unter Verwendung agiler Methoden und unter Einbezug der Organisationsmitglieder (Stock-Homburg & Groß, 2019).

Zusammenfassend zeichnet sich eine agilitätsorientierten Unternehmensstrategie durch folgende Merkmale aus (Seidel, 2020; Stock-Homburg & Groß, 2019). Die Strategie

- beinhaltet nicht nur das was oder wie, sondern vor allem auch das warum und wozu (z. B. Wettbewerbsfähigkeit erhöhen),
- ist auf den Kundennutzen ausgerichtet und nutzt diesen als primäres Kriterium zur Bewertung von Wertschöpfung,
- verankert Veränderungsbereitschaft und Innovation. Kontinuierliche Verbesserung und lebenslanges Lernen werden auf allen Ebenen gefordert und gefördert,
- transportiert Wertschätzung und Vertrauen gegenüber den Organisationsmitgliedern und fördert Eigenverantwortung in selbstorganisierten Teams.

Dies verdeutlicht, dass eine agilitätsorientierte Strategie nicht eine Reihe isoliert durchzuführender Aktivitäten darstellt, sondern an allen Dimensionen (z. B. Kultur, Führung, Struktur, HR-Prozesse) ansetzt und eng mit der HR-Strategie und mit HR verbundenen Aufgaben verknüpft ist (Stock-Homburg & Groß, 2019).

3.1.2 Führung

Führung ist eine weitere Kerndimension agiler Organisationen. Hier könnte man dem Trugschluss erliegen, dass agile Organisationen aufgrund der Selbstorganisation keine Führung mehr brauchen. Dem ist jedoch nicht so, da die grundlegende Funktion von Führung, nämlich Rahmenbedingungen zu gestalten und Orientierung zu geben, im Agilen nicht weniger wichtig sind. Die Rolle der Führung ändert sich jedoch und ebenso die Art und Weise wie Führung organisiert ist (Seidel, 2020).

In traditionellen Führungskontexten ist Führung an Positionsmacht gekoppelt und auf die Führung von einzelnen, die es einzuteilen, zu beurteilen, zu loben oder zu bestrafen gilt, ausgerichtet. In agilen Settings rückt das Team in den Vordergrund. Führung ist eine Dienstleistung und Aufgabe, um Kundennutzen zu schaffen und wird mit bestimmten Rollen verknüpft. So ist Führung nicht mehr personalisiert und an eine bestimmte Person geknüpft, sondern an

Rollen gekoppelt. Die verschiedenen Führungsaufgaben können dabei auf unterschiedliche Rollen verteilt sein. Und die Rollen sind mit bestimmten Aufgaben, Verantwortlichkeiten und Befugnissen ausgestattet. Bei Scrum übernimmt z. B. der Produkt Owner die fachliche Verantwortung und ist für die Weiterentwicklung des Produkts zuständig. Der Scrum Master hingegen hat die prozessuale Verantwortung und die Aufgabe, Probleme und Hindernisse aus dem Weg zu räumen. Das Entwicklungsteam hingegen trägt die operative Verantwortung. Dadurch wird die Führung ins Team bzw. auf mehrere Köpfe verteilt. Und ein weiterer Unterschied: Personen werden nicht Rollen „befördert" oder es wird von oben über sie bestimmt („Push"), sondern Rollen werden nach dem „Pull-Prinzip" eingenommen (Hofert, 2021).

Da Führung wie bereits erwähnt als eine Aufgabe und Dienstleistung gesehen wird (Seidel, 2020), wird in diesem Zusammenhang auch von dienender Führung oder auch Servant Leadership (für einen systematischen Review Eva et al., 2019) gesprochen. Durch die Führung soll ein Rahmen für die Selbststeuerung von Teams geschaffen und die jeweiligen Mitglieder eines Teams unterstützt werden. Stock-Homburg und Groß (2019, S. 927) beschreiben passend dazu „agile Führung als die Schaffung von Rahmenbedingungen, welche die Selbstorganisation von Mitarbeitenden und Teams fördern."

Tab. 3.1 stellt zusammenfassend die Hauptmerkmale von traditioneller Führung und agiler Führung einander gegenüber. Eine historische Einordnung sowie Abgrenzung zu anderen Führungskonzepten wie der Transformationalen Führung findet sich bei Grote und Goyk (2018).

Tab. 3.1 Gegenüberstellung von alter und neuer, rollenbasierter Führung (Hofert, 2021, S. 62)

	Alte (traditionelle) Führung	Neue (agile) Führung
Positionsmacht (Befugnisse)	X	
Funktion (Status)	X	
Verantwortlichkeit	X (Aufgaben)	X
Individuum im Mittelpunkt	X	
Team im Mittelpunkt		X
Ziel (was soll erreicht werden)	X	X
Werte (agile Werte weitgehend vorgegeben)		X
Befördert/Bestimmt (Push)	X	
Genommen (Pull)		X

3.1.3 Kultur

Die legendäre Aussage „Culture eats strategy for breakfast" von Peter Drucker trifft ebenfalls auf Agilität zu. Die Unternehmenskultur ist ein kritischer Erfolgsfaktor zur Implementierung agiler Prinzipien und Methoden und für das Erzeugen von Agilität (Stock-Homburg & Groß, 2019; Zirkler & Werkmann-Karcher, 2020). Dabei gibt es für Agilität eher förderliche bzw. hinderliche Ausprägungen in der Kultur. Agilitätsförderliche Kulturen zeichnen sich z. B. durch einen hohen Grad an Vertrauen und psychologischer Sicherheit aus; es herrscht eine Kooperations- und Lernkultur und Innovationen wird durch Experimentieren und Fehlertoleranz ermöglicht (Hofert & Thonet, 2019).

Stock-Homburg und Groß (2019, S. 910) definieren die Agilitätsorientierung der Unternehmenskultur in Anlehnung an Schein (1985). Sie zeigt sich darin, inwieweit Agilität in den Werten, Normen, Artefakten und typischen Verhaltensweisen verankert sind und durch diese unterstützt werden. Ausgehend von Homburg und Pflesser (2000) zeigen Stock-Homburg und Groß (2019) wie sich die Agilitätsorientierung darin manifestieren kann:

- **Werte:** umfassen die in der Organisation geteilten Auffassungen über das Wünschenswerte. Hier stellt sich die Frage, inwieweit die in der Organisation vorherrschenden Werte mit den agilen Werten wie z. B. Mut, Fokus oder Offenheit übereinstimmen, Hand in Hand gehen oder gar konträr zu diesen sind.
- **Normen:** drücken Erwartungen an gewünschte Verhaltensweisen aus, deren Einhaltung belohnt und Verstöße sanktioniert werden. Agile Prinzipien wie „Vermeide Verschwendung", „Respektiere den bestehenden Prozess" können solche Normen sein. Agilitätsförderliche Normen umfassen beispielsweise Regeln zum Lösen von Problemen durch eigenverantwortliche, teamorientierte, iterative und feedbackbasierte Prozesse.
- **Artefakte:** sind sichtbar und drücken sich durch Symbole wie z. B. die Sprache, die Rituale und die Architektur einer Organisation aus, d. h. mit Blick auf Agilität z. B. durch eine personenzentrierte Kommunikation, konsensbasierten Entscheidungen oder eine auf Kooperation ausgelegte Bürogestaltung.
- **Verhalten:** sind die von außen beobachtbaren Handlungen der Organisationsmitglieder, was sich z. B. daran zeigen kann, dass Organisationsmitglieder agile Methoden im Arbeitsalltag nutzen.

Stock-Homburg und Groß (2019) setzen bei der Gestaltung der Unternehmenskultur an diesen vier Ebenen an, da sie davon ausgehen, dass die Verhaltensweisen der Organisationsmitglieder über die agilitätsorientierte Werte und eine entsprechende Ausrichtung der Normen und Artefakte beeinflusst werden. Die Wichtigkeit der Gestaltung von Rahmenbedingungen betonen hingegen unter anderem Hofert und Thonet (2019), Seidel (2020) sowie Zirkler und Werkmann-Karcher (2020). Organisationen bilden Kultur immer im Kontext von Struktur und Aufgabe bzw. Strategie heraus, weshalb ein isolierter Wertewandel ohne Anpassung von Strukturen nicht nachhaltig möglich ist. Um an der Kultur zu arbeiten, müssen daher Rahmenbedingungen ganzheitlich gestaltet werden, sodass neue Erfahrungen gemacht und dadurch neue Kulturmuster entstehen können (Hofert & Thonet, 2019; Seidel, 2020). Und zu den Rahmenbedingungen gehören z. B. Strategie, Struktur oder auch die Gestaltung der HR-Prozesse, die nun im Folgenden vorgestellt werden.

3.2 Agilität in den HR-Prozessen und Instrumenten

Wie müssen nun HR-Prozesse gestaltet sein, damit sie den Anforderungen und Bedürfnissen einer agileren Organisation entsprechen und gleichzeitig in sich selbst agiler gestaltet sein, damit der HR-Prozess und die Instrumente schneller und einfacher veränderbar sind, um selbst agil auf veränderte Umfeldbedingungen reagieren zu können?

Die Antwort auf die Frage ist – es kommt darauf an, nämlich darauf, was genau die jeweiligen Anforderungen sind. Oftmals kommt dabei ein kontrastierender Ansatz zum Einsatz, indem als „traditionell, herkömmlich" bezeichnete HR-Ansätze „modernen, agilen" HR-Ansätzen gegenübergestellt werden und so das Agile, Agilitätsunterstützende herausgearbeitet werden soll – auch die beiden agilen Manifeste arbeiten so (z. B. Kollaborative Netzwerke mehr als hierarchische Strukturen).

Das bereits vorgestellte agile Reifegradmodell (Pioneers Trafo-Modell^{TM}) sagt hinsichtlich der Ausgestaltung von HR-Prozessen und Instrumenten aus, dass je nachdem welcher agile Reifegrad die Organisation (Makroebene) bzw. die Organisationseinheit (Mesoebene) aufweist, andere Anforderungen vorhanden sind, die es zu berücksichtigen gilt. Entsprechend werden für zentrale HR-Wertschöpfungsprozesse korrespondierende Reifegrade vorgestellt und anhand von Praxisbeispielen illustriert (Seidel, 2020).

Im Folgenden werden exemplarisch drei zentrale HR-Prozesse herausgegriffen: Rekrutierung, Personalentwicklung sowie Performance Management. Dabei wird weniger auf die Passung zu differenzierenden organisationalen Reifegraden eingegangen, sondern dem kontrastierenden Ansatz folgend, Gestaltungselemente aufgezeigt, welche agilitätsfördernd sein können.

3.2.1 Rekrutierung

In der traditionellen Rekrutierung ist der Ausgangspunkt oftmals eine offene Vakanz, d. h. eine zu besetzende Stelle, die definierte Anforderungen mit sich bringt. Es wird versucht, jemanden zu finden, der diese Anforderungen optimal erfüllen kann und nach diesem Maßstab nicht geeignete Bewerbende werden aussortiert. Die Entscheidung wird von der einstellenden Führungskraft allein getroffen (Trost, 2018). Für eine agilitätsorientierte Gestaltung der Rekrutierung sehen Stock-Homburg und Groß (2019) vor allem drei Ansatzpunkte: Kompetenzfokus, Entscheidungsverantwortung und Bewerbungsprozess.

Mit **Kompetenzfokus** ist gemeint, dass in einem agilen Setting bestimmte Kompetenzen (bestehend aus Werten, Fähigkeiten, Fertigkeiten) ein höheres Gewicht bekommen und Hinweise auf die individuelle Agilität geben. Individuelle Agilität wird von Stock-Homburg und Groß (2019, S. 901) definiert als „ein Bündel an Persönlichkeitseigenschaften, Einstellungen und Verhaltensausprägungen von Führungskräften und Mitarbeitenden, die darauf abzielen, sich bestmöglich an veränderte Rahmenbedingungen anpassen zu können". Und unter agilen Kompetenzen verstehen Sauter et al. (2018, S. 71) „die Fähigkeit, Herausforderungen in der zunehmend digitalisierten Arbeits- und Lebenswelt, die zum großen Teil heute noch unbekannt sind, mithilfe agiler Arbeitsmethoden selbstorganisiert und kreativ lösen zu können." Relevante Kompetenzen, die sich in verschiedenen Kompetenzmodellen finden (z. B. Stock-Homburg & Groß, 2019; HR Pioneers Kompetenzmodell; KODE®), sind beispielsweise eine agile Haltung und Methodenkenntnis, Kommunikation, Kollaboration, Offenheit für Veränderung, Lernfähigkeit, Ambiguitätstoleranz oder Selbstführung. Auf diese ist bei der Rekrutierung verstärkt ein Augenmerk zu legen, weil im agilen Setting nicht für eine fixe Funktion rekrutiert wird, sondern Rollen im Vordergrund stehen, die von den Organisationsmitgliedern schneller gewechselt werden. Entsprechend verändert sich die Blickrichtung hin zu was Bewerbende mitbringen und wo sie sich aktuell bzw. zukünftig einbringen wollen oder könnten, statt bereits von der Funktion aus zu denken. Es steht somit stärker die Frage im Vordergrund, ob der Bewerber, die Bewerberin insgesamt zur Organisation passt (Trost, 2018), d. h. die persönliche Passung zur Kultur, den Werten, der Vision und zum Team (Oimann & Zeppenfeld, 2020). Während bei der traditionellen Rekrutierung zudem der Fokus auf dem Individuum mit den jeweiligen Kompetenzen liegt, ist es sinnvoll, im agilen Kontext die Teamebene stärker zu berücksichtigen, d. h. ergänzt der Bewerber, die Bewerberin die Kompetenzen des Teams oder verstärkt sie bereits vorhandene Kompetenzen im Team? Und kann sich das Team vorstellen zukünftig mit der Person zusammenzuarbeiten.

Dies ist eine gute Überleitung zum nächsten Ansatzpunkt der **Entscheidungsverantwortung.** Die Entscheidung, ob die Bewerberin, der Bewerber „passt" und eingestellt wird, sollte in den selbstorganisierten Teams selbst liegen. Dies bedingt zumindest ein Austausch zwischen Bewerbenden und zukünftigen Kollegen und Kolleginnen und dass diese in den Rekrutierungsprozess eingebunden sind (Stock-Homburg & Groß, 2019). Im Reifegrad 5 des Trafo-Modells^{TM} sind die Teams befähigt, den Rekrutierungsprozess und die Einstellungsentscheidung gemeinsam im Team zu bearbeiten (Oimann & Zeppenfeld, 2020).

Der dritte Ansatzpunkt ist der **Bewerbungsprozess.** Dieser startet schon mit der passenden Ansprache von Personen, die einen agilen Kontext suchen und eine hohe individuelle Agilität aufweisen bzw. das Potenzial haben, diese zu entwickeln. Ein authentisches Arbeitgeberversprechen und die passende Kommunikation derselben sind hierbei erfolgskritisch (Trost, 2018). Im Gegenzug ist es wenig sinnvoll, auf den „Agilitätszug" aufzuspringen und sich als z. B. als traditionell aufgestelltes Unternehmen agil zu präsentieren, da das Arbeitgeberversprechen dem Realitätscheck dann nicht standhalten wird.

Die Ausrichtung auf den Kundennutzen als zentrales agiles Prinzip sollte im Bewerbungsprozess verankert sein und Bewerbende als Kunden betrachten (Stock-Homburg & Gross, 2019). Die Schaffung einer positiven „Candidate Experience" zielt darauf ab und lässt sich aus Sicht des Bewerbers, der Bewerberin an drei Kriterien festmachen (Trost, 2018, S. 130):

- **Geschwindigkeit:** Reaktionen auf Bewerbungen oder Entscheidungen im Laufe des Bewerbungsprozesses erfolgen schneller als bei der Konkurrenz.
- **Transparenz:** Die Bewerbenden sind sich jederzeit darüber im Klaren, was der aktuelle Status ihrer Bewerbung ist, und kennen die nächsten Schritte. Sie wissen, warum welches Auswahlinstrument wann zum Einsatz kommt, und erhalten entsprechende Rückmeldungen.
- **Wertschätzung:** Den Bewerbenden wird auf persönliche Weise mit Respekt und auf Augenhöhe begegnet.

Stock-Homburg und Groß (2019) ergänzen zudem, dass sowohl der Bewerbungs- als auch der Auswahlprozess transparent und schlank zu gestalten ist, und zwar sowohl für die Bewerbenden wie für die eigene Belegschaft. Wichtig im Prozess ist zudem die Wahl der passenden Auswahlinstrumente. Hier werden insbesondere simulationsorientierte Instrumente (z. B. Rollenspiele, Arbeitsproben oder Gruppendiskussionen) zur Diagnostik agiler Kompetenzen als passend betrachtet. Heilmann und Zimmerhofer (2018) zeigen verschiedene Ansätze auf, um individuelle Voraussetzungen für agiles Arbeiten beispielsweise im Rahmen eines Rekrutierungsprozess zu erfassen, u. a. ein Assessment- oder Developmentcenter, das als ein nach Scrum organisiertes Projekt aufgebaut ist. Ein weiterer Aspekt des Kundenfokus und der Begegnung auf Augenhöhe ist, dass der Bewerbungsprozess und die eingesetzten Auswahlinstrumente nicht nur der Organisation dabei helfen sollen zu entscheiden, sondern ebenso den Bewerbenden. Denn auch sie müssen entscheiden, ob die Organisation, die Aufgabe und das Team zu ihnen passt (Trost, 2018).

Eine weitere Perspektive in der Rekrutierung ist die Frage, wie HR bzw. die Organisation mit einer hohen Volatilität im Rekrutierungsvolumen umgehen kann und hier „agiler" werden kann. Dies wird vor allem im Zuge der Flexibilisierungsperspektive und der „flexible Workforce" diskutiert (Zölch et al., 2019, 2023) sowie der Organisation der Rekrutierungsfunktion (Frickenschmidt & Landau, 2017 sowie Abschn. 3.3).

3.2.2 Personalentwicklung

In Bezug auf die Personalentwicklung ist gemäß Lindner-Lohmann et al. (2023) ein Paradigmenwechsel weg von einer organisierten, intensiv strukturierenden Personalentwicklung hin zu einem agilen, selbstverantwortlichen Verständnis von Lernen und Weiterentwicklung zu beobachten. Oder wie Foelsing und Schmitz (2021) es zusammenfassen: von tayloristisch geprägten Lernwelten hin zu bedürfnisorientierten, dynamik-komplexrobusten, kollaborativen Lernökosystemen. Lernen in Organisationen mit einem agileren Reifegrad, in einem von VUCA geprägten Umfeld („new learning"), weist gemäß Foelsing und Schmitz (2021) folgende zentrale Merkmale auf:

- **Selbstverantwortlich und selbstgesteuert:** d. h. die Lernenden (in dem Fall die Organisationsmitglieder) entscheiden aufgrund ihrer Lernbedürfnisse („moment of need") ob, was, wann, wie und woraufhin gelernt wird. Dies stellt hohe Anforderungen an die Lernenden.
- **Bedürfnisorientiert:** aufgrund der Komplexität des Umfelds sind nur die Lernenden selbst in der Lage den Lernbedarf zu identifizieren, weil er in

dem Moment relevant wird (z. B. zum Bewältigen einer Aufgabe, einer Problemstellung). Die Lernenden lösen dann den Lernprozess aus, wenn sie ihn wirklich brauchen, d. h. zeitlich und räumlich flexibel und lernen nicht „auf Vorrat".

- **Ambidextre Entwicklung:** die Organisationmitglieder müssen eine Balance zwischen exploitativem und explorativem Lernen finden. Bei ersterem steht Lernen im Fokus, das darauf abzielt, die momentanen Aufgaben effizienter erledigen zu können. Bei letzterem geht es um das Erkunden und das Experimentieren, das Verlernen des Gewohnten und das sich Einlassen auf Neues. Dies bedarf komplexerer Lernprozesse.

- **Arbeitsintegriert und erfahrungsbasiert:** Lernen findet im Prozess der Arbeit und durch die Arbeit statt („das größte Lernhindernis ist eine Arbeit, in der es nichts zu lernen gibt").

- **Im Netzwerk:** Lernen findet in analogen und digitalen Netzwerken statt, bereichs- und hierarchieübergreifend und auch außerhalb der eigenen Organisation. Das eigene Netzwerk stellt eine wichtige Ressource dar, wenn ein Lernbedürfnis auftritt.

- **Im sozialen Austausch und kollaborativ:** zwar bildet das individuelle Lernen weiterhin die Basis für Team- und organisationales Lernen, es findet aber immer mehr im und durch sozialen Austausch und in kollaborativen Settings (im Netzwerk) statt.

- **Reflexiv:** das Lernen im Prozess der Arbeit bedarf der regelmäßigen Reflektion der gemachten Erfahrungen, des vorhandenen Wissens, um daraus Erkenntnisse abzuleiten und inkrementelle Anpassungen der Handlungsstrategien vornehmen zu können, und zwar auf individueller wie auch auf Teamebene. Scrum beispielsweise sieht mit den Retrospektiven dies explizit vor.

- **Remix von Inhalten:** statt zentral organisationsintern entwickelter und vorgegebener Inhalte werden vielfältige Ressourcen genutzt, aus denen sich die Lernenden bedürfnisgerecht die passenden „Lernhappen" heraussuchen. Lindner-Lohmann et al. (2023) betonen hierbei die Rolle von HR als „Content-Kurator", d. h. der Aufgabe aus der Vielzahl verfügbarer Angebote und Informationen ein qualitativ hochwertiges sowie inhaltlich sowie didaktisch abgestimmtes Angebot zu schaffen.

Agile Lernmethoden

Zwar kommen in agilen Lernkonzepten, bei „new learning" je nach Eignung und Passung traditionelle Lernmethoden zum Einsatz, es finden sich jedoch zudem neue, **agile Lernmethoden,** von denen einige exemplarisch vorgestellt werden – denn sie werden beim „Agilitätssprech" gern fallengelassen (Graf et al., 2017; Lindner-Lohmann et al., 2023; Muuß-Merholz, 2019).

- Das sogenannte **Barcamp** („Unkonferenz") ist eine Tagung zu einem Themenrahmen, deren Inhalte und Ablauf von den Teilnehmenden selbst entwickelt und gestaltet werden.
- Bei einem **Hackathon** setzt sich eine Gruppe zu einem bestimmten Thema für mindestens einen Tag zusammen und erarbeiten in einer Hauruck-Aktion eine gemeinsam nützliche und kreative Lösung bis hin zu Prototypen für gegebene Probleme.
- Bei **Working out Loud (WoL)** geht es darum, sich und die eigene Arbeit mit anderen zu vernetzen. Grundidee ist, dass man nicht nur seine Arbeit erledigen, sondern andere daran teilhaben lassen soll, damit alle zusammen dabei lernen und besser werden können. In einem sogenannten Working out Loud-Circle, bestehend aus vier bis fünf Mitgliedern, arbeiten die Teilnehmenden selbstorganisiert für drei Monate an ihren individuellen Zielen und tauschen sich einmal wöchentlich über den Fortschritt aus mit der Idee, sich zu überlegen, wer aus dem Netzwerk bei der Zielerreichung helfen kann und gleichzeitig, was man selbst beitragen und anbieten kann, damit die anderen ihre Ziele erreichen (Stepper, 2020; www.workingoutloud.com).
- **Brown Bag Meetings** oder auch „lunch & learn" ist ein freiwilliges, informelles Treffen mit anschließendem Austausch während der Mittagspause zu einem durch einen Teilnehmer, eine Teilnehmerin aufbereiteten Thema. Was Thema des jeweiligen Brown Bag Meetings sind, wird vorher publik gemacht, sodass sich Interessierte einfinden und mitdiskutieren können.

Personalentwicklung hat zudem noch eine weitere Bezugsebene, nämlich Agilität zum Gegenstand der Personalentwicklung zu machen, und stellt ein wichtiger Pfeiler in der agilen Transformation dar, d. h. Agilität als Kompetenz, die es zu entwickeln gilt. Diese Entwicklung umfasst sowohl das „agile being" (Werte, Prinzipien) als auch das „agile doing" (konkrete Praktiken und Methoden) auf individueller Ebene, als Team und als Organisation (Stock-Homburg & Groß, 2019). Bei der Entwicklung von Agilität als Kompetenz sollte dann ebenfalls auf „new learning" gesetzt werden, d. h. selbstgesteuert, im Netzwerk und im konkreten Erleben. Graf et al. (2017) fasst diese zwei Perspektiven mit „Qualifizierung für Agil", d. h. agiles Lernen als Vorbereitung auf agile Welten sowie „Agil qualifizieren", d. h. in agilen Welten lernen zusammen (hierzu auch Sauter et al., 2018).

Der **Gestaltung von Laufbahnwegen und Karrieresystemen** als wichtiges Element der Personalentwicklung kommt gemäß Stock-Homburg und Groß (2019) ebenfalls eine zentrale Bedeutung zu. Aufgrund z. B. der teambasierten Netzwerkstruktur (teilweise ohne jegliche Hierarchie) stellt sich die Frage, ob und wie Laufbahnen und „Karrieren" bzw. Entwicklungswege gestaltet werden können. Sie führen Fachkarrieren als wichtige Entwicklungsmöglichkeit für agil arbeitende Mitarbeitenden an. Aufgrund der hohen Projektorientierung in agilen Organisationen sehen sie zudem in Projektkarrieren ein valables Laufbahnmodell. Gleichzeitig bedarf es Entwicklungsmöglichkeiten für Personen, deren bisherige Laufbahn durch Brüche, vielfältige berufliche Veränderungen gekennzeichnet ist. Seidel (2020) hingegen sieht im höchsten organisationalen Agilitätsreife-grad des Trafomodells keine festgeschriebenen Entwicklungs- und Karrierepfade mehr. Und da Führung nicht mehr an eine Position gebunden ist, ist auch keine „klassische" Führungskarriere mit begleitender Führungskräfteentwicklung mehr notwendig. Graf, Mücke und Dornemann (in press) zeigen über Rollen einen gangbaren Weg auf, wie Laufbahnen und Entwicklungswege agiler gestaltet werden könnten. Funktionen bzw. Stellen werden baukastenartig aus Rollen (dabei werden Haupt- und Nebenrollen unterschieden) zusammengestellt. Auf die Agilität zahlt ein, dass die Organisationsmitglieder die Rollen häufiger wechseln, mehr als eine Rolle gleichzeitig innehaben können, die Rollen selbst sich inhaltlich weiterentwickeln sowie die Rollen nicht nur zugewiesen werden, sondern auch von den Organisationsmitgliedern aktiv eingenommen werden können. Über die Übernahme oder Zuweisung verschiedener Rollen entstehen dann die individuellen Entwicklungswege der Organisationsmitglieder. Und auch von der Organisation gewünschte Entwicklungswege können über Rollen abgebildet werden, indem eine sinnvolle Abfolge von Rollen vorgeschlagen wird und mit entsprechenden Entwicklungsmaßnahmen on- und off-the-job begleitet werden, die sich aus den Anforderungen ableiten.

3.2.3 Performance Management

Immer mehr Organisationen stellen das „traditionelle" Performance Management auf den Prüfstand[1], da es den Anforderungen eines dynamischen Wettbewerbsumfeldes sowie neuen Arbeits- und Organisationsformen zu wenig Rechnung trägt. Die Unzufriedenheit mit dem jährlichen Mitarbeitendengespräch ist dabei häufig ein Auslöser (z. B. Schmidt, 2018; Trost, 2015). Performance Management umfasst jedoch mehr als ein einzelnes Instrument, sondern ist als Gesamtsystem mit folgenden Elementen zu begreifen:

- **Ziele:** z. B. inwieweit werden Ziele gesetzt, in welcher Form, von wem, wie oft?

---

[1] Die Ausführungen basieren auf den Erkenntnissen des Innosuisse-Projekts Agiles Performance Management (41955.1 IP-SBM) von Avenir (www.avenirgroup.ch) als Umsetzungspartnerin und der Universität St. Gallen (HSG) als Forschungspartnerin (z. B. *Mika & Thoma, 2023; Möller & Schmid, 2021; Mücke & Oertig, 2020; Thoma, 2020; Wiemann-Hügler & Schafheitle, 2021*).

- **Evaluation/Feedback:** z. B. wie, zu was, wie oft und in welcher Form wird Feedback gegeben; anhand welcher Kriterien wird Leistung, Verhalten etc. beurteilt?
- **Entlöhnung:** z. B. wie ist das Lohnsystem aufgebaut?

Welche Ansätze und Ausprägungen in den einzelnen Elementen tragen nun zu einem „agileren" Performance Management bei, das sowohl zu den externen Agilitätsanforderungen als auch zum internen Reifegrad einer Organisation passt. Um hier eine systematische Einordnung vornehmen zu können, wurden Parameter und Ausprägungsgrade entwickelt und in morphologischen Kästen abgebildet. So können bestimmte Performance Management Ansätze und Praktiken hinsichtlich ihrer agilitätsförderlichen oder agilitätshemmenden Wirkung eingeschätzt werden, wobei die tatsächliche Wirkung erst in der tatsächlichen Umsetzung beurteilt werden kann („gut gemeint ist dann nicht immer gut gemacht"). Verwendete Parameter und Ausprägungsgrade sind hierbei z. B.

- **Bezugsebene** z. B. Individuum, Team, Organisation
- **Zeitliche Ausrichtung** z. B. ad hoc, täglich, wöchentlich, monatlich, quartalsweise, jährlich
- **Inhaltliche Ausrichtung** z. B. Leistung, Verhalten, Entwicklung
- **Transparenz** z. B. keine, innerhalb des Teams, organisationsweit, öffentlich

Im Rahmen des Projekts wurden dann mehr als 100 verschiedener Ansätze und Praktiken des Performance Managements zusammengetragen und hinsichtlich ihrer möglichen agilitätsförderlichen Wirkung eingeschätzt. Erwartungsgemäß gibt es nicht DAS agile Performance Management. Im Sinne einer kontrastierenden Gegenüberstellung mit „traditionellem" Performance Management, finden sich dennoch einige zentrale Charakteristika agiler Ansätze (hierzu zudem Schmidt, 2018; Stock-Homburg & Groß, 2019; Trost, 2018; Weißenrieder, 2019):

- Kürzere Zeithorizonte, kontinuierlicher
- Stärkere Einbeziehung und Mitwirkung verschiedener Akteure (z. B. Team, Kundschaft)
- Größere Transparenz
- Stärkere Betonung von gemeinschaftlichem Handeln (Ebene Team, Organisation)
- Mehr vorwärtsgerichtet und stärkenorientiert
- Stärkere Ausrichtung auf Lernen/Entwicklung, Motivation, Koordination, Priorisierung

- Mehr Eigenverantwortung und Selbstbestimmtheit
- Höhere Freiheitsgrade, individualisierter

Da das Vorstellen und Einordnen aller untersuchten Praktiken den Rahmen sprengen würden, werden im Folgenden einige Praktiken aus den Bereichen Ziele, Feedback sowie Evaluation herausgegriffen und anskizziert. Für Ansätze wie Scrum, Kanban oder Design Thinking, die ebenfalls Zielsetzungs-, Feedback- und Evaluationsaspekte enthalten, sei auf Abschn. 2.2.3 sowie Abschn. 2.4 verwiesen.

Performance Management Praktiken

Ein *North Star Goal* („Polarstern Ziel") beschreibt ein allen Organisationsmitgliedern bekanntes Ziel, dessen Erreichung für die Organisation über allem anderen steht. Die Zielerreichung wird über den Kernwert, den ein Produkt der Kundschaft liefert, gemessen. Es beeinflusst alle Entscheidungen, indem die einfache Frage gestellt wird: Bringt mich diese Entscheidung weiter weg, oder näher an das Ziel heran? (Cutler & Scherschligt, o. D.)

FAST Goals sind ein Akronym für Ziele, welche in regelmäßige („frequent") Diskussionen eingebettet, ambitioniert gesetzt, mit spezifischen Metriken gemessen und transparent für alle in der Organisation sind (Sull & Sull, 2018).

Objectives und Key Results (OKR) sind ein Steuerungsansatz, bei dem Ziele (Objectives – Was soll erreicht werden?) definiert und Ergebnisse (Key Results – Wie sollen die Ziele erreicht werden?) gemeinsam verfolgt werden. Die Ziele sind eng mit der Unternehmensstrategie verbunden und können in einem systematischen Prozess bis auf Team und individuelle Ebene kaskadiert werden. Dafür finden auf jeder Organisationsebene *OKR-Plannings* statt. Die Mitarbeitenden/Teams haben eine aktive Rolle. Pro Quartal sollten maximal fünf Ziele gesetzt werden, die immer qualitativ formuliert sind. Jedes Ziel besteht aus mindestens einem bis maximal fünf Schlüsselergebnissen, die immer quantitativ formuliert sind. Nachdem die OKRs festgelegt wurden, sollten sie in der gesamten Organisation transparent sein. Alle drei Monate wird überprüft, wie sich die Rahmenbedingungen verändert haben und ob etwas funktioniert oder nicht und kalibriert dann das System neu *(OKR-Reviews)* (Doerr, 2018).

Feedforward: Während Feedback vergangenheits- und oftmals zudem schwächenorientiert ist, fokussiert sich das Feedforward Interview (FFI) auf die Zukunft und darauf, was gut funktioniert. Dadurch können Organisationsmitglieder ihre Stärken entdecken und zukünftige Handlungen daran anpassen (Budworth et al., 2019; Kluger & Nir, 2010).

Die Merkmale agiler Ansätze im Performance Management gelten analog für die Entlohnung (Vergütung) und werden im Rahmen der Diskussion um „New Pay" zu sieben Dimensionen zusammengefasst, die nicht unabhängig voneinander sind (Buhl et al., 2021; Franke et al., 2019):

- **Fairness** (wahrgenommene Gerechtigkeit): d. h. wie nachvollziehbar, angemessen und verlässlich wird der Prozess sowie die Kriterien für die Verteilung des Lohns wahrgenommen (Verfahrens- und Verteilungsgerechtigkeit)

- **Flexibilität:** stärkere Beachtung individueller Bedürfnisse durch Wahlmöglichkeiten z. B. mehr Urlaubstage
- **Transparenz:** transparente Prozesse oder Gehälter z. B. Offenlegung von Gehaltsbändern
- **Partizipation:** inwieweit können Mitarbeitende aktiv am Vergütungssystems mitwirken, d. h. an der Gestaltung, Weiterentwicklung und Umsetzung
- **Wir-Denken:** Fokus auf Team- und Gesamtleistung z. B. weg von individuellen Boni hin zu kollektiver Erfolgsbeteiligung
- **Permanent Beta:** beinhaltet wie lern- und anpassungsfähig das Entlohnungssystem ist und auf veränderte Rahmenbedingungen angemessen reagieren kann. Somit enthält new pay somit direkt eine Größe, die sich die Agilität des Entlohnungssystems selbst anschaut.
- **Selbstverantwortung:** das eigene Entgelt oder das von anderen mitzubestimmen z. B. Höhe des Gehalts.

Agilitätsförderliche Praktiken, die in Zusammenhang mit Entlohnung im Forschungsprojekt angeschaut wurden, sind zum Beispiel das Einheitsgehalt, das selbstgewählte Gehalt oder eine Bezahlung nach Rollen und Kompetenzen (Franke et al., 2019; Weißenrieder, 2019).

Zusammenfassend wird Reifegrad 5 des Perfomance Managements (dort mit Steuerungs- und Anreizsysteme bezeichnet) von Häusling (2020) so charakterisiert, dass eine Grundhaltung in der Organisation herrscht, welche die Organisationsmitglieder grundsätzlich als motiviert und leistungsfähig wahrnimmt. Der regelmäßige Dialog im Team ist zentral und Feedback kommt nicht mehr von der vorgesetzten Person, sondern aus dem Team. Wenn es überhaupt noch Mitarbeitendengespräche gibt, werden diese durch die Mitarbeitenden bei Bedarf initiiert. Immaterielle Werte wie Sinnhaftigkeit und einen Beitrag leisten erhalten ein höheres Gewicht. Gleichzeitig zeichnen sich die Vergütungssysteme durch eine hohe Verfahrensgerechtigkeit aus und die Teams sind in den Vergütungsprozesse stark eingebunden, z. B. bei Fragen der Lohnfestlegung oder -anpassung.

3.3 Agilität in der HR-Organisation

Die vorherigen Ausführungen zeigen HR in der Rolle als Dienstleisterin, welche die Organisation unterstützt und die Prozesse und Instrumente auf die Kundenbedürfnisse ausrichtet, auf. Last but not least ist es jedoch wichtig, eine Innenschau zu betreiben (Karlhaus & Wolf, 2021) und zu überlegen wie die HR-Organisation selbst agiler aufgestellt und gestaltet werden kann, im Sinne eines agile being und agile doing und des „Agile for HR" (McMackin & Heffernan, 2021). Dies ist außerdem eine Frage der eigenen Glaubwürdigkeit nach innen und außen, wenn Agilität propagiert wird, der eigene Bereich aber nicht nach dem arbeitet und lebt, was gepredigt wird. HR sollte hier eine Vorbildfunktion wahrnehmen, agile Werte vorleben und die eigene Transformation vorantreiben (Schellinger & Bänzinger, 2022). Dafür stehen HR genauso die bereits vorgestellten Organisationsmodelle und Methoden zur Verfügung wie der Organisation (Abschn. 2.2 und 2.3) und die agile Kompetenzentwicklung muss genauso bei HR selbst ansetzen (Abschn. 3.2.2).

Und es ist nicht nur eine Frage der Glaubwürdigkeit, sondern auch der Passung (Trost, 2018). Häusling und Fischer (2020a) nutzen für die HR-Organisation selbst ebenfalls ein Reifegradmodell mit fünf agilen Reifegraden, wobei der agile Reifegrad der HR-Organisation mit dem agilen Reifegrad der Gesamtorganisation korrespondieren sollte. Dabei kann es sein, dass es nicht nur einen Agilitätsgrad in der Organisation gibt, sondern mehrere, die dann jeweils unterschiedliche Ansprüche an HR stellen, was sich in der HR-Organisation respektive HR-Organisationen widerspiegeln muss. Im Folgenden werden die fünf HR-Agilitätsreifegrade vorgestellt, wobei auch hier kontrastierend besonderes Gewicht auf den fünften Reifegrad gelegt wird und die weiteren Details sowie Handlungsempfehlungen für die Transformation bei Häusling und Fischer (2020a) nachgelesen werden können.

- **Reifegrad 1: Das eindimensionale HR-Modell** zeichnet sich durch eine klare Führungs- und Berichtslinie aus, die meist als Stab-Linien-Organisation (Personalleitung mit unterstellten Personalreferaten) realisiert wird.
- **Reifegrad 2: Beim zweidimensionalen HR-Modell** basiert das Zusammenarbeitsmodell auf den zwei Funktionen Business und Funktion und wird als Business-Partner-Modell oder als erweitertes Referentenmodell realisiert.
- **Reifegrad 3: Die HR[PLUSNET]-Organisation** hat neben einer zweidimensionalen Aufbauorganisation (z. B. Business-Partner-Modell) eine informelle Ablauforganisation, die in Teilen Netzwerkelemente enthält. Letztere entstehen aus teamübergreifenden Kollaborationen, informellen Kontakten und gemeinsamen Interessen. Aufgrund heterogener Anforderungen und Bedürfnisse aus der Linie ist Effizienz in der HR-Arbeit nicht mehr allein ausreichend (Exploitation), sondern es muss mit anderen Methoden Neues entwickelt werden (Exploration). Dies wird im Netzwerk als Community of Practice realisiert.
- **Reifegrad 4: In der HR-Hybrid-Organisation** gibt es meist zwei parallele HR-Organisationssysteme, da sich die verschiedenen Arbeitsweisen der

Fachbereiche weiter differenzieren und zeigt sich als duale Organisation bzw. strukturelle Ambidextrie (Abschn. 2.2.4 sowie Abschn. 2.3). Während Bereiche bei denen Effizienz und das Tagesgeschäft im Vordergrund stehen „klassisch" organisiert sind z. B. als Business-Partner-Modell (Exploitation), stehen andere Bereiche im Zeichen der Exploration und arbeiten ähnlich wie z. B. Start-ups und probieren und nutzen dabei neue Methoden und Organisationsformen aus. Dies erhöht die Kundenzentrierung und ermöglich die Erfüllung individueller Kundenanforderungen. Im Unterschied zu Reifegrad 3 sind beide Teile von HR – auch der Netzwerkteil – strukturell fest verankert.

- **Reifegrad 5: In der (agilen) HR-Netzwerk-Organisation** treten die zweidimensionalen Strukturen noch weiter in den Hintergrund und neue Strukturierungsformen gewinnen zunehmend an Bedeutung: Strukturansätze in Kreislogik wie Soziokratie oder Holakratie (Abschn. 2.2) oder Netzwerkansätze, bei denen Personen, Gruppen oder Organisationen komplexe, mehrdimensionale Beziehungsgeflechte bilden. Die Netzwerkorganisation beschreibt dann das jeweilige Beziehungsgeflecht sowie die koordinierte Zusammenarbeit und zeichnet sich durch hohe strategische Flexibilität sowie den Verzicht auf hierarchische Kontrolle aus.

Reifegrad 5 bedarf einer Weiterentwicklung des Hybridmodells, wobei es hier keine idealtypische Lösung geben wird. HR könnte selbst als Netzwerk organisiert und als solches identifizierbar (HR-Knoten) sein. HR könnte aber auch im organisationalen Netzwerk völlig aufgehen, d. h. die HR-Arbeit erfolgt dann ohne HR-Funktion. Mit dem Agile HR Edgellence Modell haben Häusling und Fischer (2018) ein Modell entwickelt, das eine solche HR-Strukturierung im Netzwerk abbildet (Früh et al., 2020; Häusling & Fischer, 2018).

Obwohl es in Reifegrad 5 verschiedene Spielarten, Ausprägungen und Typen geben wird, sind **einige Grundprinzipien** charakteristisch:

- **Kunden- und Mitarbeitendenzentrierte Strategie:** dies bedeutet, dass HR sein Kundenverständnis konsequent von einer inside-out hin zu einer outside-in Denkweise entwickelt und sich die Frage stellt, welcher Nutzen HR für den Endkunden schafft. Mitarbeitendenzentrierung bedeutet in dem Zusammenhang, Lösungen zu finden, damit Teams selbstverantwortlich und selbstorganisiert Kundennutzen schaffen können.
- **Cross-Funktionale HR-Strukturen:** HR wird Teil der Netzwerkorganisation und darin aufgehen, was strukturell die Schaffung eines Transformationsknotens bedeuten kann, der cross-funktional und interdisziplinär für eine

ganzheitliche Organisationsgestaltung verantwortlich ist, d. h. Unternehmens-
entwicklung, Organisations- und Personalentwicklung. Die bisherigen Business Partner werden dezentral ins Business integriert, was bedeutet, dass es
keine zentrale HR-Funktion mehr gibt und die fachliche Vernetzung durch
Communities of Practices realisiert wird. Shared Services werden beibelassen
für Aufgaben, die kompliziert, aber nicht komplex sind. Hier stellt sich mehr
die Frage des make-or-buy und damit des Outsourcingpotenzials von solchen
Aufgaben.

- **Agile Prozesse:** Die Zusammenarbeit im Netzwerk basiert auf agilen Werten und Prinzipien, d. h. mit Fokus auf Kollaboration, Transparenz und
Partizipation.
- **Außergewöhnliche HR-Tools:** HR stellt Instrumente und Tools zur Verfügung, aus denen die Akteure der Netzwerkorganisation, die für sie passenden
auswählen. Diese wirken auf die Mitarbeitenden- und Kundenzentrierung und
ermöglichen übergreifende Kollaboration. Der Fokus liegt auf dem Befähigen
der Organisation und nicht auf Kontrolle und Zwang.
- **Verteilte Führungssysteme** im Netzwerk statt hierarchischer Führung.
- **Neue Kulturen:** d. h. Kulturelemente schaffen, die auf die kunden- und
mitarbeitendenzentrierte Strategie einzahlen.

Neben dem Modell von Häusling und Fischer (2018) gibt es weitere Ansätze
und Modelle wie z. B. „Transformational HRM" von Bösch und Mölleney
(2018), das Modell für ein agiles HRM von Trost (2018), der beidhändige
Personalmanagementansatz von Kaiser und Kozica (2018), der duale Betriebssys-
temansatz (Grabmeier, 2018) oder das Mehr-Ebenen-Modell von Kaiser (2019),
die Schellinger und Bänzinger (2022, jeweils dort zit.) in ihrer Studie auf-
arbeiten. Aus diesen erarbeiten sie ein Struktur- und Wirkungsmodell für ein
agiles Human Resource Management mit einem HR-Innovation Lab, das feder-
führend Impulse für die agile Transformation und die Entwicklung einer agilen
Unternehmenskultur geben soll (Abb. 3.1).

Mitarbeitende des HR-Innovation Labs sollten selbst über ein hohes agiles
Mindset verfügen, da sie die Transformation und Kulturentwicklung vorantreiben.
Gleichzeitig werden, indem man es selbst tut, Erfahrungen mit neuen Tools und
agilen Methoden gesammelt sowie Tools und Prozesse für die Shared Services
fortlaufend optimiert. Auch Edelkraut und Mosig (2019) sehen in der Einrich-
tung eines HR-Lab einen sinnvollen Ansatz, nachdem zuvor die Anzahl parallel
bearbeiteter Aufgaben begrenzt wird („limit WIP"). Dann könnte das HR-LAB
z. B. als Experimentierraum für die Entwicklung von Methoden, Instrumenten,
Innovation sein, das Testen von Prototypen, als Sensor für Trends und Entwicklungen dienen, Kompetenzen vermitteln oder Heimat für Teams sein, die in der
regulären Organisation nicht einzuordnen sind.

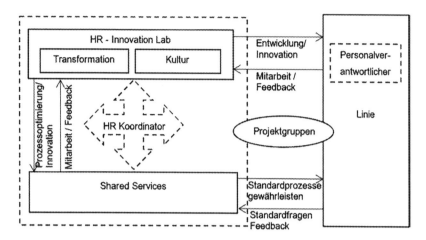

Abb. 3.1 Struktur- und Wirkungsmodell für ein agiles Human Resource Management (Schellinger & Bänzinger, 2022, S. 268, CC BY 4.0)

Neben den verschiedenen konzeptionellen Überlegungen ist es spannend, sich die Fallberichte und Erfahrungen von HR-Organisationen anzuschauen, die sich auf die agile Reise gemacht haben und gewisse Methoden und Praktiken, wie u. a. Kanban, Retrospektiven und Daily Stand-ups eingeführt haben oder ganzen HR-Bereiche neu organisiert haben beispielsweise mit Holakratie. Schellinger und Bänzinger (2022) geben mit ihrer empirischen Studie hier interessante Einblicke aus Schweizer Organisationen wie z. B. Swisscom, PostFinance oder Mobiliar. Weitere spannende Anwendungen und Fallbeispiele finden sich zudem u. a. bei Edelkraut und Mosig (2019), Häusling und Fischer (2018b) oder auch Karlhaus und Wolf (2021b).

Dass HR insgesamt davon profitieren würde, agiler zu werden, scheint Tenor im akademischen Diskurs zum Thema (Moh'd et al., 2024). Ob dies für die eigene HR-Arbeit ebenfalls zutrifft, kann nun nach Lektüre diese *essential* reflektiert, eingeordnet, geprüft und diskutiert werden.

Was Sie aus diesem *essential* mitnehmen können

- eine Einordnung und Herleitung von Agilität im Unternehmenskontext
- ein Überblick über die wichtigsten agilen Prinzipien, Begrifflichkeiten und Methoden und damit eine „Übersetzungshilfe" für zentrale Agilitätsvokabeln
- das Primat der Anforderungsorientierung („Es kommt darauf an").
- die Relevanz aus HR-Perspektive („HR for agile", „agile for HR")
- die Interdependenz der Agilitätsdimensionen und Ansatzpunkte für deren Gestaltung
- viele Literaturangaben zum Nachlesen, Weiterlesen und sich vertiefen
- die relevanten Stich-/Schlagworte sowie einschlägige Autorinnen und Autoren
- Orientierung und Hilfestellung, die aktuelle Agilitätsdebatte für die eigene HR-Arbeit einordnen zu können

Verwendete Literatur & Tipps zum Weiterlesen

Adam, P. (2020). *Agil in der ISO 9001.* Springer Gabler. https://doi.org/10.1007/978-3-658-28311-7_1.

Alamagro, C., et al. (2017). *Manifest für Agile HR Entwicklung.* Agile people|Agilehrmanifesto.

Altherr, M. (2019). Die Organisation der Selbstorganisation. In P. Kels & S. Kaudela-Baum (Hrsg.), *Experten führen.* Publikationen der SGO Stiftung (S. 411–426). Springer Gabler. https://doi.org/10.1007/978-3-658-23028-9_20.

Anderson, D. J. (2011). *Kanban. Evolutionäres Change Management für IT-Organisationen.* dpunkt.verlag. sowie Webseite der Limited WIP Society Community limitedwipsociety (ning.com).

Ayberk, E.-M., Kratzer, L., & Linke, L.-P. (2017). Kleines Glossar der neuen Organisationsformen. In *Weil Führung sich ändern muss* (S. 181–184). Springer Gabler. https://doi.org/10.1007/978-3-658-15258-1_9.

Beck, K., et al. (2001). *Manifest für Agile Softwareentwicklung.* Manifesto for Agile Software Development (agilemanifesto.org).

Billert, M. S., Peters, C., & Leimeister, J. M. (2019). Agile Dienstleistungsentwicklung in einer Smart City – Eine Plattform zur systematischen Erstellung digitaler bürgernaher Dienstleistungen. In M. Bruhn & K. Hadwich (Hrsg.), *Kooperative Dienstleistungen. Forum Dienstleistungsmanagement* (S. 431–447). Springer Gabler. https://doi.org/10.1007/978-3-658-26389-8_19.

Bockelbrink, B., Priest, J., & David, L. (2019). *Soziokratie 3.0 – Ein Praxisleitfaden. v2019-05-03-de-0.83.* S3-Praxisleitfaden.pdf (sociocracy30.org) sowie www.soziokratiezentrum.org für den Verband deutschsprachiger Soziokratie Zentren.

Böhm, J. (2019). *Erfolgsfaktor Agilität. Warum Scrum und Kanban zu zufriedenen Mitarbeitern und erfolgreichen Kunden führen.* Springer Gabler. https://doi.org/10.1007/978-3-658-25085-0_7.

Borretty, R., & Scheer, D. (2019). *Kleines Glossar zu agiler Methodik und Führung. Vuca: Der Mensch im Mittelpunkt.* BoD.

Bromme, R., & Jucks, R. (2016). Experten-Laien-Kommunikation. In M. Dick, W. Marotzki, & H. Mieg (Hrsg.), *Handbuch Professionsentwicklung* (S. 165–173). Klinkhardt.

Budworth, M.-H., Harrison, J. A., & Chummar, S. (2019). Beyond feedback: Understanding how feedforward can support employee development. *Journal of Management Development, 38*(1), 46–57. https://doi.org/10.1108/JMD-12-2017-0402

Buhl, H.-L., Hornung, S., Nobile, N., & Franke, S. (2021). New Pay Report 2021. New work braucht new pay – Wer noch? Eine qualitative und quantitative Untersuchung zum Zusammenhang von Unternehmenskultur und Vergütung. www.new-pay.org/new-work-braucht-new-pay-report-2021.

Cutler, J. & Scherschligt, J. (o. D.). The North Star Playbook. The guide to discovering your product's North Star. Amplitude-The-North-Star-Playbook.pdf.

Cynefin Framework unter https://thecynefin.co.

Doerr, J. (2018). *OKR: Objectives & Key Results: Wie Sie Ziele, auf die es wirklich ankommt, entwickeln, messen und umsetzen.* Vahlen.

Edelkraut, F., & Mosig. H. (2019). *Schnelleinstieg Agiles Personalmanagement.* Haufe.

Ehmann, B. (2019). *Quick Guide Agile Methoden für Personaler. So gelingt der Wandel in die agile Unternehmenskultur.* Springer Gabler. https://doi.org/10.1007/978-3-658-27345-3.

Eva, N., Robin, M., Sendjaya, S., van Dierendonck, D., & Liden, R. C. (2019). Servant leadership: A systematic review and call for future research. *The Leadership Quarterly, 30*(11), 111–132. https://doi.org/10.1016/j.leaqua.2018.07.004

Fischer, S., & Häusling, A. (2020). Gründe für eine agile HR-Organisation. In A. Häusling & S. Fischer (Hrsg.), *Der Weg zur agilen HR-Organisation* (S. 17–24). Haufe.

Foelsing, J., & Schmitz, A. (2021). *New Work braucht New Learning. Eine Perspektive durch die Transformation unserer Organisations- und Lernwelten.* Springer Gabler. https://doi. org/10.1007/978-3-658-32758-3.

Franke, S., Hornung, S., & Nobile, N. (2019). *New Pay – Alternative Arbeits- und Entlohnungsmodelle.* Haufe.

Frey, C., & Töpfer, G. L. (2021). *Ambidextrie in Organisationen. Das Praxisbuch für eine beidhändige Zukunft.* Schäffer-Poeschel.

Frickenschmidt, S., & Landau. S. (2017). Die agile Recruiting-Organisation: Wie Recruiting-Teams flexibel auf Schwankungen reagieren können. In R. Scheinpflug & K. Stolzenberg (Hrsg.), *Neue Komplexität in Personalarbeit und Führung* (S. 107–131). https://doi.org/ 10.1007/978-3-658-16135-4_7.

Früh, A., Menges, D., & Fischer, S. (2020). Eine kurze Analyse aktueller Modelle zur HR und Transformation. In A. Häusling & S. Fischer (Hrsg.), *Der Weg zur agilen HR- Organisation. Modelle und Praxisbeispiele für erfolgreiche Transformationen* (S. 25–52). Haufe.

Fuchs, C., Barthel, P., Winter, K., & Hess, T. (2019). Agile Methoden in der digitalen Transformation – Mehr als ein Konzept für die Softwareentwicklung. *Wirtschaftsinformatik & Management, 11*(4), 196–207. https://doi.org/10.1365/s35764-019-00192-8

Gergs, H.-J., & Lakeit, A. (2020). *Agilität braucht Stabilität. Mit Ambidextrie Neues schaffen und Bewährtes bewahren.* Schäffer-Poeschel.

Graf, A., Mücke, A., & Dornemann, S. (in press). *Lebenszyklusorientierte Personalentwicklung. Leistungsfähigkeit, Leistungsbereitschaft und lebenslanges Lernen in der Organisation stärken.* Springer Gabler.

Graf, N., Gramß, D., & Edelkraut, F. (2017). *Agiles Lernen: Neue Rollen, Kompetenzen und Methoden im Unternehmenskontext.* Haufe.

Greenhaus, J. H., Callanan, G. A., & Godshalk, V. M. (2018). *Career Management for Life.* Routledge. https://doi.org/10.4324/9781315205991.

Grote, S., & Goyk, R. (2018). Agile Führung – Das neue Gutwort im Management? In S. Grote & R. Goyk (Hrsg.), *Führungsinstrumente aus dem Silicon Valley* (S. 17–35). Springer Gabler. https://doi.org/10.1007/978-3-662-54885-1_2.

Hartel, D. H. (2022). Agile Project management in logistics and supply chain management. In D. H. Hartel (Hrsg.), *Project management in logistics and supply chain management* (Bd. 15, S. 125–143). Springer. https://doi.org/10.1007/978-3-658-35882-2_4.

Häusling, A. (2020). *Agile Organisationen: Transformationen erfolgreich gestalten. Beispiele agiler Pioniere.* Haufe.

Häusling, A., & Fischer, S. (2020a). Agile Reifegrade in den HR-Organisationsmodellen. In A. Häusling & S. Fischer (Hrsg.), *Der Weg zur agilen HR- Organisation. Modelle und Praxisbeispiele für erfolgreiche Transformationen* (S 247–284). Haufe.

Häusling, A., & Fischer, S. (2020b). *Der Weg zur agilen HR- Organisation. Modelle und Praxisbeispiele für erfolgreiche Transformationen.* Haufe.

Häusling, A., & Fischer, S. (2020c). Die Zukunft von HR erfolgreich gestalten – Zwei Ausblicke und ein Plädoyer. In A. Häusling & S. Fischer (Hrsg.), *Der Weg zur agilen HR- Organisation. Modelle und Praxisbeispiele für erfolgreiche Transformationen* (S. 311–315). Haufe.

Häusling, A., & Fischer, S. (2018). Kante zeigen! Ein neues Organisationsmodell für HR. *Personalmagazin: Management, Recht und Organisation, 7,* 52–59. personalmagazin–ausgabe-72018-personalmagazin-454966.pdf (haufe.de).

Häusling, A., Römer, E., & Zeppenfeld, N, (2019). *Praxisbuch Agilität. Tools für Personal- und Organisationsentwicklung.* Haufe.

Heilmann, K., & Zimmerhofer, A. (2018). Agilität und Diagnostik: Personalauswahl für agile Organisationen. In A. Ternès & C. D. Wilke (Hrsg.), *Agenda HR – Digitalisierung, Arbeit 4.0, New Leadership* (S. 211–223). Springer Gabler. https://doi.org/10.1007/978-3-658-21180-6_14.

Hofert, S., & Thonet, C. (2019). *Der agile Kulturwandel 33. Lösungen für Veränderungen in Organisationen.* Springer Gabler. https://doi.org/10.1007/978-3-658-22172-0.

Hofert, S. (2021). *Agiler führen. Einfache Maßnahmen für bessere Teamarbeit, mehr Leistung und höhere Kreativität.* Springer Gabler. https://doi.org/10.1007/978-3-658-33910-4.

Homburg, C., & Pflesser, C. (2000). A multiple-layer model of market-oriented organizational culture: Measurement issues and performance outcomes. *Journal of Marketing Research, 37*(4), 449–462. https://doi.org/10.1509/jmkr.37.4.449.18786

Ittensohn, M., & Rieser, M. (2021). Agile Produktentwicklung an Bibliotheken: Ein Erfahrungsbericht aus der Zentralbibliothek Zürich. *Bibliothek Forschung und Praxis, 45*(3), 509–516. https://doi.org/10.1515/bfp-2021-0046

Karlhaus, A., & Wolf, A. (2021a). Agiles HR – mit Kundenorientierung Mehrwert schaffen. In A. Karlhaus & A. Wolf (Hrsg.), *Agiles Human Resources. Kundenzentriertes Denken und Handeln im Personalbereich* (S. 3–25). Springer Gabler. https://doi.org/10.1007/978-3-662-63538-4_1.

Karlhaus, A., & Wolf, A. (2021b). *Agiles Human Resources. Kundenzentriertes Denken und Handeln im Personalbereich.* Springer Gabler. https://doi.org/10.1007/978-3-662-63538-4.

Kaune, A., Glaubke, N., & Hempel, T, (2021). *Change Management und Agilität. Aktuelle Herausforderungen in der VUCA-Welt.* Springer Gabler. https://doi.org/10.1007/978-3-658-35236-3.

Kluger, A. N., & Nir, D. (2010). The feedforward interview. *Human Resource Management Review, 20*(3), 235–246. https://doi.org/10.1016/j.hrmr.2009.08.002

Koestler, A. (1968). *Das Gespenst in der Maschine*. Molden.

Kotter, J. P. (2011). *Leading Change. Wie Sie Ihr Unternehmen in acht Schritten verändern*. Vahlen. https://doi.org/10.15358/9783800646159.

Kotter, J. P. (2014). *Accelerate. Building Strategic Agility for a Faster-moving World*. Harvard Business Review Press.

Kusay-Merkle, U. (2018). *Agiles Projektmanagement im Berufsalltag*. Springer Gabler. https://doi.org/10.1007/978-3-662-56800-2.

Laloux, F. (2014). *Reinventing organizations: A guide to creating organizations inspired by the next stage in human consciousness: A guide to creating organizations inspired by the next stage of human consciousness*. Nelson Parker.

Laloux, F. (2015). *Reinventing Organizations. Ein Leitfaden zur Gestaltung sinnstiftender Formen der Zusammenarbeit*. Vahlen. https://doi.org/10.15358/9783800649143-1.

Linder-Lohmann, D., Lohmann, F., & Schirmer, U. (2023). Personalentwicklung. In D. Linder-Lohmann, F. Lohmann, & U. Schirmer (Hrsg.), *Personalmanagement* (4. Aufl., S. 191–281). Springer Gabler. https://doi.org/10.1007/978-3-662-65732-4_7.

McMackin, J., & Heffernan, M. (2021). Agile for HR: Fine in practice, but will it work in theory? *Human Resource Management Review, 31*(4), 100791. https://doi.org/10.1016/j.hrmr.2020.100791

Meinel, C., & Leifer, L. (2011). Design thinking research. In H. Plattner, C. Meinel & L. Leifer (Hrsg.), *Design thinking: Understand – Improve – Apply, understanding innovation* (S. XIII–XXI). Springer.

Meissner, J. O., Heike, M., & Sigrist, D. (2023). *Organisationsdesign in einer komplexen und instabilen Welt Einführung in Modelle und Konzepte sowie deren Anwendung*. Springer Gabler. https://doi.org/10.1007/978-3-658-42339-1.

Mika, M., & Thoma, M. (2023). *Performance Management neu gedacht*. Performance Management neu gedacht – Avenir Group.

Mücke, A., & Oertig, M. (2020). *Performance-Management agil gestalten*. Performance-Management agil gestalten – Avenir Group.

Muuß-Merholz, J. (2019). *Barcamps & Co. Peer-toPeer Methoden für Fortbildungen*. Beltz.

Moh'd, S., Gregory, P., Barroca, L., & Sharp, H. (2024). Agile human resource management: A systematic mapping study. *German Journal of Human Resource Management*. https://doi.org/10.1177/23970022231226316.

Möller, K., & Schmid, J. (2021). Agile Praktiken im Performance Management. Auswahl und Nutzung moderner Steuerungswerkzeuge. *Controlling – Zeitschrift für erfolgsorientierte Unternehmenssteuerung, 33,* 48–55. https://doi.org/10.15358/0935-0381-2021-4-48.

Mowles, C. (2020). Ralph Stacey: Taking experience seriously. In D. Szabla, W. Pasmore, M. Barnes, & A. Gipson (Hrsg.), *The Palgrave handbook of organizational change thinkers* (S. 1–19). Palgrave Macmillan. https://doi.org/10.1007/978-3-319-49820-1_93-2.

Nürnberg, V. (2019). *Agiles HR-Management. Effiziente Personalarbeit durch smarten Einsatz digitaler Technologien*. Haufe.

Oimann, K., & Zeppenfeld, N. (2020). Der erste HR-Wertschöpfungsprozess: Die Personalrekrutierung. In A. Häusling & S. Fischer (Hrsg.), *Der Weg zur agilen HR- Organisation. Modelle und Praxisbeispiele für erfolgreiche Transformationen* (S. 86–94). Haufe.

Plattner, H., Meinel, C., & Leifer, L. (2011). *Design thinking: Understand – Improve – Apply, understanding innovation*. Springer.

Robertson, B. J. (2016). *Holacracy. Ein Revolutionäres Management- System für eine volatile Welt*. Vahlen. sowie die Holacracy Verfassung findet sich zudem unter. Constitution v5.0 – Holacracy Foundation.

Rybol, B., Schwering S., & Pika J. K. (2021). Agiler Wille – BARMER: Unser Weg zu einem agilen Personal- und Organisationsbereich. In A. Karlhaus & A. Wolf (Hrsg.), *Agiles Human Resources. Kundenzentriertes Denken und Handeln im Personalbereich* (S. 141–157). Springer Gabler. https://doi.org/10.1007/978-3-662-63538-4_10.

Rzepka, A., Maciaszczyk, M., & Czerwińska, M. (2023). Teal organizations in times of uncertainty. In B. Alareeni, A. Hamdan, R. Khamis & R. E. Khoury (Hrsg.), *Digitalisation: Opportunities and challenges for business. ICBT 2022. Lecture notes in networks and systems* (Bd. 621, S. 699–712). Springer. https://doi.org/10.1007/978-3-031-26956-1_65.

Sauter, R., Sauter, W., & Wolfig, R. (2018). *Agile Werte- und Kompetenzentwicklung. Wege in eine neue Arbeitswelt*. Springer Gabler. https://doi.org/10.1007/978-3-662-57305-1.

Schallmo, D. R. A., & Lang, K. (2017) *Design Thinking erfolgreich anwenden*. Springer Gabler. https://doi.org/10.1007/978-3-658-28325-4.

Scaled Agile Framework (SAFe) unter SAFe 6.0 (scaledagileframework.com).

Schein, E. (1985). *Organizational culture and leadership*. Jossey-Bass.

Schellinger, J., & Bänziger, J. (2022). Agiles Human Resource Management. In J. Schellinger, K. O. Tokarski & I. Kissling-Näf (Hrsg.), *Resilienz durch Organisationsentwicklung* (S. 253–291). Springer Gabler. https://doi.org/10.1007/978-3-658-36022-1_11.

Schmidt, T. (2018). *Performance Management im Wandel*. Springer Gabler. https://doi.org/10.1007/978-3-658-20660-4.

Schreyögg, G. (2016). *Grundlagen der Organisation Basiswissen für Studium und Praxis* (2. Aufl.). Springer Gabler. https://doi.org/10.1007/978-3-658-13959-9.

Schwaber, K., & Sutherland, J. (2017). *Der Scrum Guide™ Der gültige Leitfaden für Scrum: Die Spielregeln*. The Scrum Guide (scrumguides.org).

Schwaber, K., & Sutherland, J. (2020). *Der Scrum Guide™ Der gültige Leitfaden für Scrum: Die Spielregeln*. 2020-Scrum-Guide-German.pdf (scrumguides.org).

Seidel, T. (2019). Der vierte HR-Wertschöpfungsprozess: Die Personal- und Organisationsentwicklung. In A. Häusling & S. Fischer (Hrsg.), *Der Weg zur agilen HR- Organisation. Modelle und Praxisbeispiele für erfolgreiche Transformationen* (S. 163–172). Haufe.

Snowdon, D. (2019). *Separated by a common language. Cynefin reflections*. Separated by a common language? – The Cynefin Co.

Stacey, R. D. (1996). *Complexity and creativity in organizations*. Berret-Koehler Publishers.

Stacey, R. D. (1999). *Strategic management & organisational dynamics: The challenge of complexity* (3. Aufl.). Financial Times Prentice Hall.

Stacey, R. D. (2011). *Strategic management and organisational dynamics: The challenge of complexity to ways of thinking about organisations* (6. Aufl.). Pearson Education.

Stacey, R. D. (2012). *Tools and techniques of leadership and management: Meeting the challenge of complexity*. Routledge.

Stepper, J. (2020). *Working Out Loud: Wie Sie Ihre Selbstwirksamkeit stärken und Ihre Karriere und Ihr Leben nach eigenen Vorstellungen gestalten*. Vahlen.

Stock-Homburg, R., & Groß, M. (2019). Agiles Personalmanagement. In R. Stock-Homburg & M. Groß (Hrsg.), *Personalmanagement Theorien – Konzepte – Instrumente* (S. 886–936). Springer Gabler. https://doi.org/10.1007/978-3-658-26081-1_20.

Sull, D., & Sull, C. (2018). With goals, FAST beats SMART. *MIT Sloan Management Review, 59*(4), 1–11.

Sutherland, J., & Schwaber, K. (2011). *The Scrum Papers: Nut, Bolts, and Origins of an Agile Framework.* ScrumPapers.

Taskan, B., Junça-Silva, A., & Caetano, A. (2022). Clarifying the conceptual map of VUCA: A systematic review. *International Journal of Organizational Analysis, 30*(7), 196–217. https://doi.org/10.1108/IJOA-02-2022-3136

Thoma, M. (2020). *Agiles Performance Management – Es braucht ein neues Führungsverständnis.* Agiles Performance Management – Es braucht ein neues Führungsverständnis – Avenir Group.

Trost, A. (2015). *Unter den Erwartungen. Warum das jährliche Mitarbeitergespräch in modernen Arbeitswelten versagt.* Wiley.

Trost, A. (2018). *Neue Personalstrategien zwischen Stabilität und Agilität.* Springer Gabler. https://doi.org/10.1007/978-3-662-57407-2.

Uludag, Ö., Harders, N.-M., & Matthes, F. (2019). Documenting recurring concerns and patterns in large-scale agile development. In EuroPLop '19 (Hrsg.), *Proceedings of the 24th European Conference on Pattern Languages of Programs* (27, S. 1–17) https://doi.org/10.1145/3361149.3361176.

Weißenrieder, J. (2019). Performance Management und Vergütung in agilen Zeiten. In J. Weißenrieder (Hrsg.), *Nachhaltiges Leistungs- und Vergütungsmanagement. Entgeltsysteme zwischen Status quo, Agilität und New Pay* (S. 263–308). Springer Gabler. https://doi.org/10.1007/978-3-658-25967-9_7.

Whiteley, A., Pollack, J., & Matous, P. (2021). The origins of agile and iterative methods. *Journal of Modern Project Management, 8*(3), 20–29. https://doi.org/10.19255/JMPM02502.

Wiemann-Hügler, M., & Schafheitle, S. (2021). Digitalisierung und Agilisierung: Zwei Trends mit viel Potenzial für das Performance Management, aber auch einigen Widersprüchen. *Personalmagazin, 6*, 36–41.

Zierock, B., Jungblut, A., & Senn, N. (2023). Chaotic customer centricity. In C. Stephanidis, M. Antona, S. Ntoa, & G. Salvendy (Hrsg.), *HCI international 2023 posters. HCII 2023. Communications in computer and information science* (Bd. 1832, S. 189–198). Springer. https://doi.org/10.1007/978-3-031-35989-7_24.

Zimmerman, B. (2001). *Ralph stacey's agreement & certainty matrix.* Schulich School of Business, York University. Stacey Matrix.

Zirkler, M., & Werkmann-Karcher, B. (2020). *Psychologie der Agilität.* Springer Gabler. https://doi.org/10.1007/978-3-658-30357-0_4.

Zölch, M., Oertig, M., & Calabrò, V. (2019). *Flexible Workforce – Fit für die Herausforderungen der modernen Arbeitswelt?* (2., aktualisierte und erweiterte Aufl.). *Strategien, Modelle, Best Practice.* Haupt.

Zölch, M., Oertig, M., Scherff, C., Rother, T., Fischer, M., Cueni, S. Büttler, D., Jordi, L., & Schaltegger, C. (2023). *Management von Flexible Workforce. Strategien und Instrumente für HRM, Führung und BVG. Ergebnisse aus einem Innosuisse Projekt.* Alma Medien. Dossiers Flexible Workforce.

Printed in the United States
by Baker & Taylor Publisher Services